Irene Nemeth
Peter Nemeth

Praxistipps für die Wohnungssuche

Worauf es bei Kauf und Miete ankommt

2. Auflage

Bibliografische Information der Deutschen Nationalbibliothek
Die Deutsche Nationalbibliothek verzeichnet diese Publikation in der Deutschen Nationalbibliografie; detaillierte bibliografische Daten sind im Internet über http://dnb.d-nb.de abrufbar.

Hinweis: Aus Gründen der leichteren Lesbarkeit wird auf eine geschlechtsspezifische Differenzierung verzichtet. Entsprechende Begriffe gelten im Sinne der Gleichbehandlung für alle Geschlechter.

ISBN 978-3-7093-0696-3 (Print)
ISBN 978-3-7094-1248-0 (E-Book-PDF)
ISBN 978-3-7094-1249-7 (E-Book-ePub)

1210 Wien, Scheydgasse 24, Tel.: 01/24 630
www.lindeverlag.at

Umschlag: buero8 und Linde Verlag Ges.m.b.H.

Druck: Hans Jentzsch & Co GmbH
1210 Wien, Scheydgasse 31
Dieses Buch wurde in Österreich hergestellt.

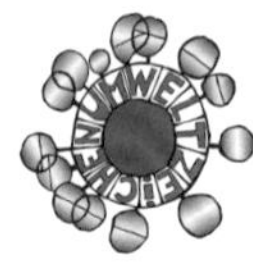

Gedruckt nach der Richtlinie des Österreichischen Umweltzeichens „Druckerzeugnisse“, Druckerei Hans Jentzsch & Co GmbH, UW-Nr. 790

Irene Nemeth/Peter Nemeth

Praxistipps für die Wohnungssuche

INHALT

Kapitel 6: Der Mietvertrag

Kapitel 7: Der Wohnungseigentumsvertrag und der Nutzwert

Kapitel 8: Der Kaufvertrag

Kapitel 9: Die Hausverwaltung, ihre Pflichten und die monatlichen Kosten

Kapitel 10: Weitere praktische Hinweise

Anhang

Kapitel 1:

Wonach suche ich?

In diesem Kapitel dreht sich alles um die Grundsatzentscheidung! Welche Art von Wohnung suchen Sie – eine Mietwohnung oder doch eine Eigentumswohnung? Wie groß soll die Wohnung sein und wo soll sie liegen?

Wenn Sie eine Wohnung suchen, werden Sie mit vielen Themen konfrontiert. Neben der Finanzierung müssen Sie viele sachliche und rechtliche Fragen klären, die mitunter weitreichende Folgen für das Leben – in Ihrer neuen Wohnung – haben werden.

Vorab sollten Sie sich genau überlegen, welche Bedürfnisse Sie haben und ob bzw. wie lange diese vermutlich unverändert bleiben werden. Schon der Wechsel des Studienfaches etwa kann die von Ihnen als ideal empfundene Wohnung zu einer Belastung werden lassen. Ganz allgemein gilt: Je weniger konkret Ihre Lebensplanung ist, desto weniger sollten Sie bei der Wohnung langfristig denken. Für ein junges (Ehe-)Paar ist es zum Beispiel mitunter klüger, eine kleine günstige „Starterwohnung" zu mieten, als sich sofort mit den Kosten einer Vierzimmerwohnung zu belasten.

Miete oder Eigentum

Zu Beginn der Suche müssen Sie wohl die wichtigste Entscheidung treffen – wollen Sie eine Wohnung kaufen oder doch nur mieten? Dabei werden viele Überlegungen eine Rolle spielen. Entscheidend wird sein, wie Ihre Lebensplanung aussieht. Eine Studentin hat andere Bedürfnisse abzudecken als ein Paar, eine sich neu bildende Wohngemeinschaft oder eine Familie mit zwei Kindern.

Benötigen Sie aufgrund der Trennung einer Wohngemeinschaft rasch eine neue Unterkunft, werden Sie sich eher für eine Mietwohnung entscheiden. Haben Sie vor, sich in ein paar Jahren (aus beruflichen oder privaten Gründen) zu verändern, wird es wohl angebracht sein, sich möglichst eine befristete Mietwohnung zu suchen (diese ist auch billiger). Wenn Sie Ihre Zukunft also noch nicht fest verplant haben, ist die Entscheidung für eine Mietwohnung wohl die bessere. Auch wenn Sie beruflich mobil bleiben wollen oder müssen, ist die Bindung an eine Eigentumswohnung möglicherweise nicht die beste Option. Will man langfristig planen, sollte man doch eher eine Wohnung mit unbefristetem Mietverhältnis oder eine Eigentumswohnung in Betracht ziehen, wobei man freilich die aktuellen Entwicklungen im Auge behalten sollte. Es muss klar sein, dass genaue Kalkulationen der zu bezahlenden Zinsen schwer vorhersehbar sind, und daher sollten entsprechende Vorkehrungen getroffen werden.

Die Entscheidung, ob Sie nun ein Objekt kaufen oder anmieten, kann letztlich nur von Ihnen persönlich getroffen werden.

Die Mietwohnung

Falls Sie nicht über die notwendigen Eigenmittel für den Erwerb einer Eigentumswohnung verfügen (zumindest 20 bis 30 Prozent des Kaufpreises), Sie sich nicht langfristig binden wollen oder zu erwarten ist, dass sich Ihre Lebensumstände einschneidend verändern werden, z. B. Kinderwunsch, Berufswechsel), sollten Sie sich für eine Mietwohnung entscheiden.

Ein großer Vorteil einer Mietwohnung liegt in der Mobilität. So kann der Vertrag flexibel (unter Einhaltung vorgegebener Fristen) beendet werden.

Vorteilhaft ist weiters, dass für die Beseitigung aller allgemeinen Schäden in der Liegenschaft (nicht im Mietobjekt) der Vermieter, d. h. der Hausbesitzer, aufzukommen hat. Er hat dafür Vorkehrungen zu treffen.

Nachteilig an einer Mietwohnung ist, dass die bezahlte Miete nicht der Vermögensanlage dient. Außerdem kommt es am Ende eines Mietverhältnisses immer wieder zu Auffassungsunterschieden bezüglich des Zustandes des Objektes. So ist es vorstellbar, dass der Hauseigentümer, der seinerzeit eine neu renovierte Wohnung zur Verfügung gestellt hat, beim Auszug des Mieters Forderungen anmeldet, welche möglicherweise die hinterlegte Kaution übersteigen.

Befristet oder unbefristet?

Bei einer Mietwohnung ist die Entscheidung zu treffen, ob man eine befristete oder eine unbefristete Wohnung sucht. Am Markt ist zu beobachten, dass größtenteils befristete Mietverhältnisse angeboten werden; dennoch sollte man ein Gespräch mit dem Vermieter führen; vielleicht ist ja auch ein unbefristeter Mietvertrag „drin".

Bei einer befristeten Mietwohnung hat man den Vorteil, dass die Miete (nicht die Nebenkosten) um rund 25 Prozent niedriger ist als bei einer unbefristet vermieteten Wohnung; so kann man mitunter tatsächlich sparen. Ein Nachteil ist, dass man diese Wohnung in absehbarer Zeit wieder verlassen muss, weil der Vertrag durch Zeitablauf endet und womöglich nicht mehr verlängert wird. wird. Das kann allerdings günstig sein, wenn man z. B. als Student oder in den ersten Jahren einer Partnerschaft eine kleine Wohnung benötigt und dort ohnehin nur so lange bleiben möchte, bis sich die Lebensverhältnisse ändern. Der Nachteil des Zeitablaufs fällt hier weg, und der niedrigere Mietzins macht sich bei den monatlichen Belastungen positiv bemerkbar.

Ein befristeter Mietvertrag muss mindestens drei Jahre gelten (im Mietrecht gibt es allerdings, wie so oft, viele Ausnahmen – so auch in diesem Punkt). Drei Jahre vergehen freilich schnell – überdenken Sie daher, ob Ihnen die Befristungsdauer nicht zu kurz wird. Es ist möglich, einen Mietvertrag zu verlängern, verpflichtet ist der Vermieter aber nicht dazu. Grundsätzlich müssten die wesentlichen Bedingungen des Vertrages übernommen werden.

Bei einem befristeten Mietvertrag hat der Mieter eine Mindestdauer einzuhalten – er kann erst nach Ablauf eines Jahres unter Einhaltung einer Kündigungsfrist (meistens drei Monate, also in Summe 15 Monate) einen Mietvertrag kündigen und ist daher verpflichtet, zumindest für diese Zeit Miete zu zahlen.

Kauf einer Wohnung

Vor dem Kauf einer Wohnimmobilie sollten Sie klären, ob Sie diesen Wohntraum auch finanzieren können. Sie müssen aktuell über mindestens 20 Prozent des benötigten Kapitals bereits verfügen und weitere Bedingungen (siehe Kasten) erfüllen, ansonsten ist eine Finanzierung nicht möglich.

In Österreich gelten seit Juli 2022 strengere Regeln für die Vergabe eines Wohn- oder Immobilienkredits. Zunächst müssen Kreditnehmer bei Abschluss des Kreditvertrages mindestens 20 Prozent Eigenkapital vorweisen. Weiters darf die Kreditrate 40 Prozent des verfügbaren Haushaltseinkommens nicht überschreiten. Außerdem wurde die maximale Kreditlaufzeit auf 35 Jahre begrenzt.

Klären Sie vorab mit Ihrer Bank ab, wie hoch Ihr Kreditrahmen ist. Dieser sollte unter keinen Umständen überzogen werden – im Gegenteil: Es wird im Laufe der Zeit zu einer immensen Belastung, wenn Sie sich neben der Finanzierung der monatlichen Kreditraten für die Wohnung nichts mehr leisten können. Planen Sie daher bei der Finanzierung einen „Geldpolster“ für

Urlaube, einen Autokauf, Reparaturen und sonstiges Unvorhergesehenes ein, damit aus dem Traum kein Albtraum des ewigen Verzichts wird.

Auch bei einem Kauf fallen laufende monatliche Belastungen an, die bei der Planung der finanziellen Rahmenbedingungen nicht übersehen werden dürfen: Grundsteuer, Müllgebühren, Wassergebühren, Rauchfangkehrer, Strom, Gas, Fernwärme, Gebäudeversicherungen etc. sind nur die wesentlichsten Kostenfaktoren, die bei der Finanzierung und den monatlichen Belastungen gerne übersehen werden und daher zur Falle werden können. Bei einer Eigentumswohnung sind die meisten laufenden Kosten in den vorgeschriebenen Betriebskosten enthalten. Ihren Eigenverbrauch an Strom, Gas bzw. Fernwärme, die Versicherung Ihrer Wohnimmobilie, Telefon-, Internet- und Kabelfernsehkosten sollten Sie bei Ihrer Kalkulation auch nicht vergessen.

Bedenken Sie auch, dass Ihre neu erworbene Wohnung leider nicht neuwertig bleiben wird; daher sind für zukünftige Investitionen ebenfalls Rücklagen zu bilden.

Wenn Sie alle diese Kostenfaktoren berücksichtigt haben und Sie und Ihre Bank zu dem Schluss kommen, dass der Finanzierung nichts im Wege steht, ist die Entscheidung für das Eigenheim wohl schon getroffen.

Erwarten Sie sich beim Ankauf einer Immobilie zusätzlich eine große Wertsteigerung, ist besondere Vorsicht geboten. Erfahrungswerte zeigen, dass nur ausgewiesene Toplagen gute Wertsteigerungspotenziale aufweisen. Es ist daher zu empfehlen, sehr vorsichtig gegenüber Stimmungsmachern zu sein, die eine exorbitante Wertsteigerung Ihrer Immobilie prognostizieren. Wer seine Wohnung nur wegen der zu erwartenden Wertsteigerung kaufen will, sollte sich auch andere Sparvarianten ansehen; ein Immobilienkauf ist nicht die gewinnbringendste Möglichkeit, vorhandene Gelder zu investieren.

Gerade zur Drucklegung der zweiten Auflage (2024) dieser Praxistipps zur Wohnungssuche ist zu bemerken, dass die Preise für gebrauchte Eigentumswohnungen im „Speckgürtel“ von Wien (d.h. vor allem die an Wien angrenzenden Bezirke Niederösterreichs im Süden und Westen) deutlich zurückgehen. Der Grund dafür liegt wohl in der absoluten Überhitzung des Immobilienmarktes in den letzten Jahren, Experten sprachen von einer „Immobilien-Preis-Blase“. Zu beachten ist jedenfalls, dass die Preisentwicklungen von Bundesland zu Bundesland durchaus unterschiedlich sein können.

Ein Vorteil einer Eigentumswohnung liegt zweifelsohne darin, dass hier Werte für die kommende Generation geschaffen werden, die investierten Gelder bleiben erhalten. Außerdem bietet eine Eigentumswohnung viel Raum für individuelle Gestaltung – vor allem für handwerklich Geschickte. So besteht die Möglichkeit, Renovierungsarbeiten selbst vorzunehmen – wenn einen diese Herausforderung reizt, kann man eine etwas günstigere Wohnung erstehen und den Wert des Objekts durch persönliche Arbeit steigern.

Ein Nachteil einer Wohnung im Eigentum besteht darin, dass Sie die Kosten für Schäden im und am Haus anteilig mittragen (je nach Anteilen im Grundbuch). Außerdem können Veränderungen im Haus nur gemeinsam mit der Mehrheit der Wohnungseigentümer bewerkstelligt werden. Bedingt durch die Besonderheiten des Wohnungseigentumsgesetzes (WEG 2002) ist oft die Zustimmung der übrigen Miteigentümer einzuholen, wobei diese Bedingung durch die letzte Novelle des WEG (2022) deutlich entschärft wurde. Daher kann das persönliche Interesse an Veränderungen nicht immer durchgesetzt werden, was das Wohngefühl erheblich beeinträchtigen kann.

Erfordern geänderte Lebensumstände einen raschen Verkauf, kann sich das ebenfalls finanziell nachteilig auswirken.

Alt- oder Neubau?

Grundsätzlich können bei Häusern vier Bau-Epochenunterschieden werden:

Klassischer Altbau

Darunter ist zumeist ein Gründerzeithaus zu verstehen, welches vor allem um die vorletzte Jahrhundertwende, aber auch gelegentlich davor, errichtet wurde. Unterscheiden kann man zwischen Vorstadtzinshäusern und Herrschaftshäusern.

Man könnte sagen, dass das klassische Vorstadthaus aufgrund seiner sparsamen Ausstattung „urbaner" wirkt. Zumeist sind im Laufe der Zeit die ursprünglich sehr kleinen Wohnungen (Zimmer, Küche, Kabinett) zusammengelegt worden (erkennbar an unterschiedlichen Türen oder abgemauerten Stiegenhausteilen). Die Hausfassade ist meistens recht schlicht gestaltet.

Bei Herrschaftshäusern wurde zumeist in der Beletage (Hausherrenwohnung im ersten Stock) straßenseitig ein aufwendiger, ausladender Balkon errichtet; dieser diente dazu, zu sehen und gesehen zu werden. Diese Häuser befinden sich allerdings sehr oft auf mittlerweile sehr stark befahrenen Straßen, sodass die Balkone kaum nutzbar sind.

Nachkriegsbauten aus den 1960er-Jahren

Nach dem Ende des Zweiten Weltkrieges gab es verstärkte Bautätigkeit – einerseits war der Wiederaufbau der kriegsbedingt (teil)zerstörten Häuser erforderlich, andererseits wurden zahlreiche Neubauten errichtet, um dem großen Wohnbedarf gerecht zu werden. Der Fachmann spricht in diesem Zusammenhang von typischen Nachkriegsbauten aus den 60er-Jahren. Zu erkennen sind sie an der einfachen Ausstattung: zumeist nicht mehr als 50 bis 60 m^2, aber dennoch zwei Zimmer, mit Nebenräumen, ursprünglich Gas-Konvektorheizung, kleines Vorzimmer. Weiters finden sich im Stiegenhaus oftmals Terrazzoböden. Auch bei der Raumhöhe wurde gespart, die typische Höhe liegt etwas über 2,50 Meter.

Wurde an solchen Häusern – die vor allem in Wien zu finden sind, da es hier die meisten Kriegsschäden und daher Neubauten gab – Wohnungseigentum begründet, so ist über dem Eingang oft eine Bienenwabe (dargestellt. Diese kennzeichnet den Grundgedanken des Wohnungseigentums: sparen, sammeln und zusammentragen, damit gemeinsam ein großes Haus geschaffen werden kann (der Gesetzgeber spricht heute noch davon, wenn er meint, dass eine Wohnungseigentümersitzung wie ein *befruchtendes Miteinander* zu sehen ist). Jedenfalls gilt es bei Häusern aus dieser Zeit besondere Vorsicht walten zu lassen: Hier sind häufig umfassende Erhaltungs- bzw. Renovierungsarbeiten notwendig, auch sind diese Liegenschaften i.d.R. unzureichend gedämmt.

Neuere Bauten

Die neueren Häuser können in klassische Wohnungseigentumsbauten aus den 1980er-Jahren und ganz neue Bauten unterteilt werden. Beachten Sie bei den typischen Häusern aus den 1980er-Jahren, dass auch diese nicht unbedingt nach allen heute verbindlichen technischen Vorschriften errichtet worden sind. Vor allem könnte bei Liegenschaften, die in dieser Zeit erbaut worden sind, Asbest zumeist in Zwischendecken gefunden werden, ebenso sind die Dämmungen aus heutiger Sicht als unzureichend zu bezeichnen.

Ganz neue Häuser

Die letzte Gruppe, ganz neue Gebäude, die zumeist nach der Jahrtausendwende errichtet wurden, sollte, was den technischen Zustand betrifft, keinen Handlungsbedarf (hinsichtlich größerer Investitionen in der Liegenschaft) aufweisen. Bei diesen Liegenschaften, welche erst vor einem oder zwei Jahren fertig gestellt wurden, ist allerdings meistens darauf zu achten, ob es Gewährleistungsansprüche gibt. Bauherren kalkulieren oftmals knapp, daher wird (möglicherweise) bei einigen Ausführungen gespart und eine einfachere, billigere Variante gewählt. Hier ist zu bedenken, dass der Bauherr wohl kaum ein großes Interesse hat, in einem Objekt, welches er vor kurzem fertig gestellt hat, weitere Investitionen tätigen zu müssen. Rechtsstreitigkeiten sind mitunter vorprogrammiert.

TIPP

Das Baujahr können Sie übrigens meistens ganz einfach feststellen: Falls ein Lift vorhanden ist, ist häufig im Inneren der Liftkabine dessen Errichtungsjahr vermerkt, das oft mit dem der Errichtung der Liegenschaft ident ist.

Die Lage der Wohnung

Die Standort- bzw. in größeren Städten auch die Bezirkswahl ist ein besonders heikles Thema. Durch die Eingrenzung des Standortes ersparen Sie sich aber viele unnütze und zeitaufwendige Besichtigungen! Freilich sollten Sie nicht gleich ein Angebot ablehnen, nur weil es sich nicht in Ihrer bevorzugten Gegend befindet. Oft haben kleine „Grätzeln“ ihren eigenen Charme. Je offener man an die Wohnungssuche herangeht, desto größer sind die Chancen, das Traumobjekt zu finden.

Viele wünschen sich eine Wohnung in ruhiger Lage mit 200 m^2 Wohnfläche, weitläufiger Terrasse und Swimmingpool, wenn möglich zentral gelegen oder im besten Randbezirk einer Stadt – nur gibt es das nicht so oft, und wenn doch, steht meistens die Finanzierbarkeit des Objekts im Weg – man wird also ein paar Abstriche machen müssen. Ein Student sucht möglicherweise gleich in der Nähe seiner Universität eine Bleibe, die Familie möchte eine gute Schule und/oder einen Kindergarten in der Nähe haben und dem älteren Ehepaar geht die absolute Ruhelage über alles.

Bei der Wahl des richtigen Standortes sollte man unter anderem folgende Kriterien beachten:

- Entfernung zum Arbeitsplatz, hat sich wegen der Möglichkeit des „Homeoffice" allerdings relativiert!
- Schul-/Kindergartenangebote für Kinder,
- Nähe zu Eltern/Verwandten,
- Parkplatzsituation,
- Verkehrsanbindung,
- „Wohnen im Grünen",
- komplette Infrastruktur (beste Versorgungslage mit Restaurants, Einkaufsmöglichkeiten usw.),
- Nähe zu Kultureinrichtungen usw.

Diese Aufzählung könnte endlos fortgesetzt werden – am besten erstellen Sie eine Checkliste (siehe dazu die folgende Seite), in welche Sie eintragen, welche Kriterien der Standort Ihrer neuen Wohnung unbedingt erfüllen soll und was Ihnen und Ihrem Partner bzw. Ihren Mitbewohnern nicht so wichtig ist.

Anlageobjekte

Falls Sie vorhaben, die Wohnung nur als Anlageobjekt (Vermietung) anzuschaffen, ist der Ankauf einer preisgünstigen Immobilie auch dann zu überlegen, wenn sich das Objekt nicht in einer von Ihnen bevorzugten Gegend (z. B. Innenstadtlage, Grünruhelage, schöne Aussicht) befindet. In diesem Fall sollten Sie aber umso mehr auf eine gute Verkehrsanbindung, einen günstigen Preis und eine gute Raumaufteilung achten.

Ausstattung und Größe der Wohnung

Klären Sie Ihre wesentlichsten Bedürfnisse und Wünsche vorab für sich selbst und mit Ihrem Mitbewohnern ab. Sie können sich einige Wohnungsbesichtigungen ersparen, wenn Sie genau wissen, was Sie suchen. Vielleicht ist in der wirklich günstig gelegenen Zweizimmerwohnung alles genauso, wie Sie es sich wünschen, nur dass eben das dritte Zimmer fehlt – schade um Ihre Zeit.

Fertigen Sie eine Checkliste an, in der Sie alle Kriterien hinsichtlich Ausstattung und Größe anführen, und differenzieren Sie, ob für Sie diese Kriterien „unverzichtbar", „wünschenswert" oder „zwar schön, aber verzichtbar" sind.

Für die Wohnungssuche

	unverzichtbar	wünschenswert	verzichtbar
Wohnzimmer	☐	☐	☐
Schlafzimmer	☐	☐	☐
Kinderzimmer/Anzahl	☐	☐	☐
Gästezimmer	☐	☐	☐
Badezimmer komplett	☐	☐	☐
WC getrennt	☐	☐	☐
Getrennt begehbare Dusche	☐	☐	☐
Einbauküche	☐	☐	☐
Automatische Zentralheizung	☐	☐	☐
Lift	☐	☐	☐
Garage	☐	☐	☐
Fahrradabstellraum	☐	☐	☐
Entfernung zum/zur nächsten Nahversorger/Bäckerei	☐	☐	☐
Nähe zu Öffis	☐	☐	☐
Morgenjogging	☐	☐	☐
Weitere Punkte	☐	☐	☐

Beachten Sie bei der Erstellung Ihrer Checkliste auch, dass die Kriterien zusammenpassen müssen bzw. einander nicht widersprechen dürfen: So werden Sie zum Beispiel keine 70-m^2-Altbauwohnung mit drei Zimmern finden. So etwas gibt es einfach nicht – eine solche Dreizimmerwohnung hätte zumindest 110 Quadratmeter. Dadurch ergibt sich natürlich auch ein anderer Preis!

Kapitel 2:

Wie finde ich meine Traumwohnung?

In diesem Kapitel erhalten Sie Tipps, wo und wie Sie Ihre künftige Wohnung finden können. Außerdem erfahren Sie alles Wissenswerte über den Umgang mit Maklern.

Generell gilt: Je zeitiger Sie sich auf die Suche machen, desto besser. Wenn Sie binnen eines Monats eine neue Wohnung benötigen, stehen Sie sehr unter Druck und entscheiden sich möglicherweise zu rasch für eine Wohnung, die nicht Ihren Vorstellungen entspricht. Sie sollten sich daher ausreichend Zeit für die Konkretisierung Ihrer Wünsche und die Suche nehmen – so können Sie Fehlentscheidungen am ehesten verhindern.

Wenn Sie zum Beispiel wissen, dass Ihr Mietvertrag in einem halben Jahr ausläuft, ist es schon höchste Zeit, mit der Wohnungssuche zu beginnen, um noch halbwegs stressfrei an die Sache herangehen zu können. Die meisten Wohnungssuchenden sind übrigens zwischen April und Juni sowie im September und Oktober unterwegs. Damit gilt hier: Vermehrte Nachfrage bestimmt den Preis!

TIPP

Auch so wird man fündig

→ Zahlreiche Internetseiten bieten Wohnungen an, oft findet man ein und dieselbe Wohnung (manchmal sogar zu unterschiedlichen Preisen) auf mehreren Plattformen. Ein Zeichen dafür, dass der Vermieter wahrscheinlich dringend einen Mieter sucht. Dies könnte eventuell eine Basis dafür schaffen, Ihre Konditionen zu verhandeln. Hören Sie sich in Ihrem Freundes- und Bekanntenkreis um: Manche langwierige Suche führt über Mundpropaganda oder den „Flurfunk" am Arbeitsplatz mitunter schneller zum Erfolg. Erzählen Sie einfach allen Leuten, die Sie kennen, dass Sie eine Miet- oder eine Eigentumswohnung suchen. Oft genug findet sich auf diese Weise ein geeignetes Objekt.

→ Mit etwas Glück kann man auch auf der Internetseite www.edikte.justiz.gv.at günstige Eigentumswohnungen finden, welche in einem Versteigerungsverfahren angeboten werden. Generell gibt es zu diesen Objekten auch sehr detaillierte Informationen, sodass Sie schon eine gewisse „Vor-Auswahl" treffen können.

→ Wenn Sie in Ihrer „Wunsch-Wohngegend" an verschmutzten Fenstern, Baucontainern vor einem Haus usw. erkennen, dass dort eine Wohnung renoviert wird, wenden Sie sich an den Hausverwalter. Lassen Sie sich für diese Wohnung vormerken, wenn sie auch hinsichtlich Größe und Finanzierbarkeit Ihren Vorstellungen entspricht.

→ Fragen Sie Bekannte, die mit ihrer Hausverwaltung zufrieden sind, nach dieser. Rufen Sie bei Hausverwaltungen an und fragen Sie nach freien oder frei werdenden Wohnungen.

→ Gehen Sie mit offenen Augen durch die Teile/Bezirke der Stadt, in denen Sie gerne wohnen würden: Oft genug zeigen Hinweisschilder hinter den Fenstern oder auf Balkonen an, dass in dieser Liegenschaft eine oder auch mehrere Wohnungen zum Verkauf oder zur Vermietung freistehen. Für den Fall, dass man in einem bestimmten Gebiet eine Immobilie erwerben oder mieten möchte, ist diese Art der Suche, durchaus eine empfehlenswerte.

Richtiges Lesen von Inseraten

Oft werden Sie aber auch aufgrund eines Inserats oder eines Eintrags auf der Homepage eines Maklers auf Ihr Wunschobjekt aufmerksam werden.

Da Sie sicherlich auch noch nie: *„Dunkle, hässliche, kleine Wohnung, schlechte Raumaufteilung, schlechter Gesamtzustand, teuer zu vermieten …"* gelesen haben, obwohl es genug solche Wohnungen gibt, gilt es schon beim Lesen eines Inserats auf einige Feinheiten zu achten, um sich überflüssige Besichtigungen und damit wertvolle Zeit zu ersparen. Jeder Verkäufer bzw. Makler wird versuchen, die möglicherweise vorhandenen Nachteile einer Wohnung entweder in schöne Worte zu kleiden oder nur die Vorzüge der vorhandenen Wohnimmobilie im Inserat zu erwähnen. Alles, was in einem Inserat steht, muss den Tatsachen entsprechen; es ist aber höchstens eine Verfälschung, wenn man Nachteile unerwähnt lässt oder frei interpretiert.

Daher ist es unerlässlich, Annoncen richtig entschlüsseln zu können! Man erspart sich viel Zeit, wenn man bereits im Vorfeld auf die eine oder andere Wohnungsbesichtigung verzichtet, weil der Text des Inserats den Schluss nahelegt, dass diese Immobilie wohl nicht den eigenen Ansprüchen und Wünschen entspricht. Lesen Sie daher sehr gründlich alles, was im Inserat steht, und besprechen Sie alle Unklarheiten mit dem Verkäufer bzw. Makler vorab telefonisch, um sich die Zeit für unnötige Wohnungs- oder Hausbesichtigungen zu ersparen.

In der folgenden Liste finden Sie die häufigsten Formulierungen, die Sie hellhörig werden lassen sollten und bei denen sich Ihre telefonischen Rückfragen beim Makler möglicherweise etwas ausführlicher gestalten sollten. Entdecken Sie eine dieser Formulierungen in einem Inserat, soll Sie das nicht gleich von Ihrem Vorhaben abbringen, diese Wohnung zu besichtigen. Da Sie die Inserate aber kritisch gelesen haben, wissen Sie, womit Sie bei der Besichtigung zu rechnen haben.

Im Inserat steht ...	**heißt im schlimmsten Fall ...**
außergewöhnliche Architektur	Bei dieser Wohnung kann man z.B. mit schrägen Wänden und einer ungewöhnlichen – und daher möglicherweise unpraktischen – Raumaufteilung rechnen. Dies muss kein Nachteil sein, wenn man sich das wirklich wünscht. Wenn man jedoch eine „klassische" Wohnung sucht, wird man mit dieser Immobilie nicht glücklich werden.
individueller Grundriss	Siehe „außergewöhnliche Architektur".
gut erhalten	... kann ein Oldtimer sein, aber eine Wohnung? Vermutlich ist in dieser Wohnung nichts neu, sie kann in einem optisch guten Zustand sein, wird aber bei genauerem Hinsehen vermutlich renovierungsbedürftig sein. Hier muss man überlegen, ob die wohl günstigere Miete die anfallenden Renovierungskosten aufwiegt.
offener Wohnstil	Badezimmer und WC sind vermutlich mit Türen abgetrennt, der Rest – offener Stil. Eine solche Wohnung kann natürlich – wenn man sich genau das wünscht – die perfekte sein. Wer das aber nicht will, kann sich hier eine Besichtigung sparen.
offene Einbauküche	... Einbauküche zum Wohnzimmer offen: Nicht alle sind mit Küchengerüchen im Wohnzimmer glücklich – wer es nicht will, ist hier fehl am Platz.
gute Raumaufteilung	Falls im Inserat nur dieser Hinweis und sonst nichts über die Wohnung zu finden ist, wird das wohl auch das einzig Positive sein, was man über das Objekt schreiben kann.
Fenster mit Schallschutz DIN ...	Dies ist wohl als Hinweis zu verstehen, dass sich diese Wohnung nicht in Ruhelage findet und das bei offenen Fenstern auch nicht zu überhören ist.
perfekte Wohnung	Vermutlich steht der Vermieter Umbauwünschen nicht sehr offen gegenüber, da er ja schon eine „perfekte Wohnung" geschaffen hat.
Schnäppchen, Preiszuckerl	Die wenigsten Vermieter wollen etwas verschenken, daher muss man hier besonders auf vermutlich vorhandene, aber gut versteckte Mängel achten.

Makler

Vorweg ist anzumerken, dass die meisten Makler besser sind als ihr Ruf. Es liegt leider in der Natur der Sache, dass nur die negativ auffallenden Vermittler der Immobilienbranche Schlagzeilen machen. In den meisten Fällen werden Sie aber mit einem seriös agierenden Makler zu tun haben.

Es besteht übrigens auch die Möglichkeit, sich direkt an Bauträger zu wenden. Übersehen Sie dabei nicht, dass selbst große Baufirmen nur wenige Bauvorhaben gleichzeitig verwirklichen. Es wird daher notwendig sein, sich bei mehreren Bauträgern gleichzeitig registrieren zu lassen. Oft bedienen sich Baufirmen größerer Maklerfirmen, die die Vergabe der neu errichteten Wohnungen übernehmen. Es wird daher notwendig sein – falls Sie über diesen Weg Ihre Wohnung suchen –, gezielt und immer wieder nachzufragen, wie der aktuelle Stand des Bauvorhabens ist.

Allgemeines

Viele Immobilienangelegenheiten werden ausschließlich über Zwischenschaltung eines Immobilienmaklers abgewickelt. Die Geschäfte mit Immobilien sind im Regelfall von großer finanzieller Tragweite. Daher ist besonders auf eine sorgfältige und ordnungsgemäße Vermittlungs- und Beratungstätigkeit zu achten.

Makler ist, wer aufgrund einer privatrechtlichen Vereinbarung (Maklervertrag) für einen Auftraggeber Geschäfte mit einem Dritten vermittelt, ohne ständig damit betraut zu sein. Der Maklervertrag ist in der Regel ein entgeltlicher Vertrag. Die Tätigkeit des Maklers ist auch als Doppeltätigkeit zu sehen, da dieser einerseits vom Vermieter beauftragt wurde, andererseits von Ihnen als Suchender. Wenn Sie also einen Makler, der ein Objekt anbietet, kontaktieren, tritt dieser sogleich als „Doppelmakler" auf, das heißt er ist „Diener zweier Herren"!

Der Abschluss eines Maklervertrages ist grundsätzlich formfrei, er kann also schriftlich, mündlich, ausdrücklich, aber auch stillschweigend getroffen werden.

Durch die Novelle des Maklergesetzes mit 1.7.2023 hat sich der Markt verändert. Die größte Neuerung ist, dass nunmehr der Auftraggeber (also der Vermieter) die Provision des Maklers (bei einer Mietwohnung) zu bezahlen hat. Das heißt, dass der **wohnungssuchende Interessent** sich i.d.R. diese Kosten (das sind derzeit zwei Bruttomonatsmieten) erspart. Wie der Markt auf diese völlig neue Situation reagieren wird, bleibt abzuwarten.

Die Pflichten des Immobilienmaklers

Die Pflichten des Maklers finden sich im Maklergesetz, aber auch im Konsumentenschutzgesetz, in den konkreten Vereinbarungen, den Geschäftsgebräuchen, der Judikatur sowie in der Immobilienmaklerverordnung.

Der Makler hat die Interessen des Auftraggebers redlich und sorgfältig zu wahren. Dies gilt auch, wenn er zugleich für einen Dritten tätig wird. Leider hat hier der Gesetzgeber genauere Angaben zur geforderten Redlichkeit und Sorgfältigkeit unterlassen. Abgeleitet heißt das: Mit bestem Gewissen und überlegt sollte der Makler handeln. Einen Sorgfaltsmaßstab bietet grundsätzlich auch § 1299 ABGB, da der Immobilienmakler Sachverständiger ist (siehe Anhang).

Zu den „Kardinalverpflichtungen" eines Maklers zählen die Aufklärungs-, Beratungs-, Unterlassungs-, Treue- und Verschwiegenheitspflichten. Der Makler muss Sie über den Objektzustand informieren. Informationen über die Bauweise, auch negative Eigenschaften, wie beispielsweise hohe Heizkosten, muss er Ihnen zur Kenntnis bringen. Wie von jedem Vertragspartner ist auch vom Makler zu erwarten, dass er zu vereinbarten Terminen erscheint. Er muss verlässlich sein und seinem Vertragspartner mit angemessener Höflichkeit entgegentreten. Vernachlässigt er mehrere seiner Pflichten, besteht die Möglichkeit der Provisionsminderung.

Sowohl der Makler als auch sein Auftraggeber sind verpflichtet, einander die erforderlichen Informationen zu liefern. Diese Benachrichtigungspflicht besteht somit für beide Seiten des Maklervertrages.

→ Das Ausmaß der jährlichen Sonneneinstrahlung war in einem konkreten Fall ein wesentliches Kriterium für den Erwerber einer Liegenschaft. Dies wurde auch bei der Liegenschaftsbesichtigung ausreichend mit dem Makler diskutiert. Die Auskunft des Maklers war: Die Sonneneinstrahlung sei im Winter am Nachmittag nicht ideal. Tatsächlich fehlte bei dem gegenständlichen Objekt jegliche Sonneneinstrahlung.
Der Makler war in diesem Fall seiner Aufklärungspflicht nicht nachgekommen und wurde daher schadenersatzpflichtig.

→ Vom Gericht gleich beurteilt wurde ein Fall, in dem es um eine versprochene Gartenmitbenützung ging, welche schlussendlich nicht gewährt wurde. Der Makler hatte den Interessenten bei der Besichtigung nachweislich informiert, dass der Garten mitzubenützen sei. Nach Bezug der Wohnung stellte sich heraus, dass dem nicht so war.

Der Makler muss Sie über alle Eckdaten des Hauptgeschäftes informieren. Bei einem Bestandvertrag sind das: Mietvertragsdauer, Kündigungsmöglichkeiten und/oder auch Kündigungsbeschränkungen. Auch die Objektgröße muss Ihnen der Makler mitteilen können. Die Daten stammen in der Regel von der Vermieter- bzw. Verkäuferseite; der Makler darf sich nur dann darauf verlassen, wenn er keine Zweifel an der Richtigkeit der Angaben hegt. Bemerkt er Mängel, muss er weitere Nachforschungen anstellen.

Eine weitere besondere Aufklärungspflicht besteht bei einem familiären oder wirtschaftlichen Naheverhältnis des Maklers. Vor allem bei einem familiären Naheverhältnis ist eine Interessenkollision denkbar.

Der Alleinvermittlungsauftrag

„Alleinvermittlungsauftrag" bedeutet, wie das Wort schon sagt, dass ein Makler allein mit der Veräußerung oder Vermietung der Immobilie betraut ist. Dieser Auftrag ist zeitlich begrenzt und hat damit ein Ablaufdatum, an welchem der Auftrag automatisch endet. Grundsätzlich wird der Alleinvermittlungsauftrag erst einmal auf maximal sechs Monate festgelegt. Bei Spezialobjekten, die sich aus individuellen Gründen schwer vermarkten lassen (wie beispielsweise Zinshäuser, Neubaugroßprojekte oder Gewerbeobjekte), kann bereits bei der Erstbeauftragung eine Auftragsdauer von einem Jahr vereinbart werden.

Während der vereinbarten Auftragsdauer sollte auch der Liegenschaftsbesitzer selbst keinerlei Verkaufsaktivitäten setzen. Verkauft er dennoch „privat", kann der Makler vom Verkäufer Provision verlangen.

Im Gegensatz zum normalen Maklervertrag ist der Makler beim Alleinvermittlungsauftrag verpflichtet, Handlungen zu setzen, damit das Objekt vermarktet wird.

Der Erstkontakt mit dem Makler

Ihnen stehen mehrere Möglichkeiten offen, an die Sache heranzugehen:

1) Sie stellen eine Wunschliste zusammen, geben diese an einen Makler weiter und lassen ihn Objekte suchen, die Ihren Wünschen entsprechen. Der Vorteil besteht darin, dass Ihnen nur Objekte zur Besichtigung angeboten werden, die Ihren Vorstellungen entsprechen. Der Nachteil daran ist, dass Ihnen möglicherweise ein Objekt entgeht, das zwar nicht genau Ihren Wünschen entspricht, Ihnen aber doch gefallen würde.
2) Sie melden sich beim Makler auf konkrete Angebote, die Sie in Zeitungen oder auf seiner Homepage entdeckt haben. In diesem Fall können Sie selbst sondieren, was Sie sich anschauen wollen. Der Nachteil hier ist: Diese Art der Suche kostet viel Zeit.

Haben Sie sich aufgrund eines Inserats entschlossen, mehr Informationen bezüglich einer bestimmten Wohnung einzuholen, nehmen Sie Ihre Checkliste zur Hand und gehen Sie diese mit dem Makler telefonisch durch. Ersuchen Sie um die Beantwortung der für Sie wesentlichen Fragen. Bieten Sie dem Makler an, dass er Sie zurückruft oder Ihnen Ihre Fragen spätestens bei der Besichtigung beantwortet; damit ersparen Sie sich Zeit. Bekommen Sie Fragen nicht oder nur ausweichend beantwortet, sollten Sie überdenken, ob dieser Makler wirklich für die Suche Ihres Traumobjekts geeignet ist.

Erfragen Sie auch genau, welche Kosten auf Sie im Falle einer Anmietung oder eines Kaufs dieses Objekts zukommen.

Besichtigungsschein bei Eigentumsobjekten

Der Besichtigungsschein stellt lediglich eine Sicherheit für den Makler dar, der keinen Alleinauftrag besitzt. Damit kann er, falls Sie das besichtigte Objekt anmieten oder kaufen, beweisen, dass Sie sein Kunde waren, zumeist wird im Vorfeld ein entsprechender Link versendet.

Vermittlungserfolg und Provisionsanspruch, ebenso nur bei Eigentumserwerb

Eine Grundvoraussetzung für den Vermittlungserfolg ist die Kausalität. Der Makler muss ursächlich zum Vertragsabschluss beigetragen haben. Die Frage lautet daher: Wäre das Geschäft auch zustande gekommen, wenn man sich die Vermittlungstätigkeit des Maklers wegdenkt?

Der Provisionsanspruch entsteht mit der Rechtswirksamkeit des abgeschlossenen „Hauptgeschäftes".

Sie sind auch provisionspflichtig, wenn Sie ein „zweckgleichwertiges" Geschäft abschließen. Die Gleichwertigkeit kann sowohl objekt- als auch subjektbezogen sein: Sowohl der Abschluss eines Mietvertrags statt eines Kaufvertrags (über dasselbe Objekt) als auch die Anmietung einer anderen Wohnung desselben Hauseigentümers löst die Provisionspflicht aus!

Maklergebühren beim Kauf einer Liegenschaft

Die Maklerprovision für Liegenschaften oder Liegenschaftsanteile und Liegenschaftsanteile, an denen Wohnungseigentum besteht oder vereinbarungsgemäß begründet wird, beträgt bei einem Wert:

bis € 36.336,42	je 4 %
bis € 48.448,57	€ 1.453,46
ab € 48.448,58	je 3 %

Die Provision ist von beiden Auftraggebern (vom Verkäufer und Käufer) jeweils zuzüglich 20 Prozent Umsatzsteuer zu entrichten.

Rücktritt

In der Immobilienbranche gibt es nach wie vor typische Objektbesichtigungen in Anwesenheit mehrerer Interessenten (Massenbesichtigung), doch auch bei Einzelbesichtigungen verlangen Makler oft eine rasche, unüberlegte Entscheidung vom Verbraucher („Sie müssen sich rasch entscheiden, ich hatte heute schon einige Termine, die Wohnung ist bald weg …").

Im Konsumentenschutzgesetz ist geregelt, dass eine in einer solchen Situation abgegebene Zustimmung zum Ankauf bzw. zur Anmietung einer Wohnung unter gewissen Bedingungen zurückgezogen werden kann. Das Drängen auf Unterfertigung eines Miet- oder Kaufanbots wird einem „Haustürgeschäft" gleichgesetzt (Überrumpelung zum Vertragsabschluss). Es gilt daher: Haben Sie eine Vertragserklärung (Miet- oder Kaufanbot) für das Wohnobjekt am selben Tag abgegeben, an dem Sie die Immobilie das erste Mal besichtigt haben, so können Sie von dieser Vertragserklärung innerhalb einer Woche zurücktreten. **Achtung:** Dies gilt aber nur, wenn Sie mit dem Ankauf oder der Anmietung der Immobilie Ihr dringendes Wohnbedürfnis befriedigt hätten.

Die Rücktrittsfrist von einer Woche, gerechnet ab Unterfertigung des Miet- oder Kaufanbots, beginnt aber erst dann zu laufen, wenn Sie eine Zweitschrift über die Vertragserklärung und eine schriftliche Erklärung über das Rücktrittsrecht erhalten haben. Der Rücktritt hat spätestens einen Monat nach dem Tag der ersten Besichtigung zu erfolgen, ansonsten ist dieses Recht erloschen.

Schadenersatzpflicht des Maklers

Der Immobilienmakler ist unter bestimmten Voraussetzungen schadenersatzpflichtig: Seine schadensersatzrechtliche Verantwortung setzt das Vorliegen der allgemeinen Haftungsvoraussetzung der Verschuldenshaftung (Schaden, Kausalität, Rechtswidrigkeit und Verschulden) voraus. Vereinfacht ausgedrückt heißt das, dass der Makler für jene Schäden zu haften hat, die dadurch entstanden sind, dass er wissentlich falsche Informationen an den zukünftigen Mieter oder Käufer weitergegeben hat.

Zumeist handelt es sich bei diesen Schäden um reine Vermögensschäden, also um Schäden, die in Geld messbar sind. Schäden, die in der Persönlichkeitssphäre des Schädigers liegen, ideelle Schäden, die sich somit in der Gefühlssphäre niederschlagen und in Geld kaum messbare Vermögensverringerung darstellen, sind bei der Immobilienmaklerhaftung vernachlässigbar.

Der Geschädigte ist so zu stellen, als hätte er auf die Informationen des Maklers nicht vertraut.

Viele Pflichtverletzungen des Maklers lösen jedoch keine Haftungsansprüche aus, weil es am Eintritt eines konkreten Schadens fehlt.

Wird ein Anspruch auf Schadenersatz geltend gemacht, muss der Geschädigte grundsätzlich das Vorliegen aller Haftungsvoraussetzungen beweisen (z.B. den Zusammenhang der Pflichtverletzung des Immobilienmaklers mit einem konkret entstandenen Schaden).

Mangels spezieller Vorgaben gilt die allgemeine Verjährungsfrist nach § 1498 ABGB, somit eine Frist von drei Jahren ab Kenntnis des Schadens.

Weitere Praxisbeispiele

BEISPIEL 1

Sie sind nach der Besichtigung einer Wohnung grundsätzlich bereit, diese anzumieten. Der Makler hat Ihnen eine Monatsmiete in Höhe von 1.000 Euro brutto genannt. Nach langen Diskussionen kommen Sie in einer Familiensitzung zum Schluss, die Wohnung um 950 Euro anzumieten. Der Makler gibt Ihnen ein entsprechendes Mietanbot, welches Sie ausfüllen. Als Mietsumme geben Sie 950 Euro bekannt. Der Makler vereinbart mit Ihnen, dass Sie ihm wegen der noch auszuverhandelnden geringeren Miete mit dem Anbot 20 Tage im Wort bleiben. Da Sie sehr an der Wohnung interessiert sind, akzeptieren Sie diese Frist und unterschreiben das Mietanbot.

Nach zwei Tagen meldet sich der Makler telefonisch und teilt mit, dass die Vermieter Ihr geändertes Anbot eigentlich nicht akzeptieren wollen. Nach einer kurzen Zeit der Trauer um diese Wohnung gehen Sie wieder auf aktive Wohnungssuche und finden ein besseres, passendes Objekt. Nach 15 Tagen meldet sich der Makler schriftlich und teilt mit, dass nunmehr der Vermieter mit Ihren geänderten Konditionen einverstanden ist. Die Sache hat nur einen Schönheitsfehler: Sie wohnen mittlerweile in einem anderen neuen Objekt.

Hier kann es passieren, dass Sie dem Makler gegenüber schadenersatzpflichtig werden, weil die telefonische Information über die Absage schwer zu beweisen ist.

BEISPIEL 2

Über ein Inserat finden Sie eine Eigentumswohnung, besichtigen diese mit dem Makler, kommen jedoch zu der Entscheidung, die gegenständliche Wohnung nicht zu kaufen, da Ihnen der Preis viel zu hoch erscheint. Nach einigen Monaten stoßen Sie auf ein Privatinserat mit genau dieser Wohnung, die Sie vor einiger Zeit mit dem Makler besichtigt haben. Nunmehr präsentiert sich die Wohnung einerseits geräumt von den

Möbelstücken des Eigentümers in einem besseren optischen Zustand, andererseits hat der Eigentümer den Preis neu kalkuliert: dieser liegt nun deutlich unter dem ersten Angebot. Sie werden mit dem Verkäufer handelseins und kaufen die Wohnung.

Nicht überrascht dürfen Sie dann sein, wenn Ihnen der Makler dennoch eine Provisionsnote sendet, und zwar deshalb, weil der Vermittlungsgrundsatz verwirklicht wurde: Sie hätten ohne Zutun des Maklers keine Kenntnis von dem zum Verkauf stehenden Objekt gehabt.

Wichtig: Bei (nahezu) keinem Gerichtsverfahren kann man den Ausgang vorhersagen, der Prozessausgang hängt von Details ab. Dazu kommt, dass es sich gerade bei diesem Thema oft um Einzelfallentscheidungen handelt, die je nachdem für Sie positiv oder negativ ausgehen können.

Im Anhang finden Sie die entsprechenden Gesetzestexte.

Die öffentliche Versteigerung

Schnäppchen Versteigerung? Gibt es! Nur: Diese Objekte werden nicht auf dem Präsentierteller offeriert!

Immer häufiger sind Eigentümer von Liegenschaften bzw. Liegenschaftsanteilen nicht mehr in der Lage, ihren monatlichen Zahlungen nachzukommen. Das trifft die jeweiligen Eigentümer sowohl bei klassischen Wohnungseigentumsobjekten als auch bei Reihenhäusern, Einfamilienhäusern, Anteilen an Zinshäusern und den damit verbundenen Wohnungen.

Im Wohnungseigentumsgesetz (kurz WEG) ist geregelt, dass der Gebäudeverwalter verpflichtet ist, innerhalb von sechs Monaten ab Entstehen einer Schuld durch Nichtzahlung von Wohnbeiträgen gegen den entsprechenden Wohnungseigentümer eine Klage einzubringen. (Für diese Klage gilt das Vorzugspfandrecht. Das bedeutet im Wohnungseigentum, dass die offenen Beträge, somit die Forderungen der anderen Wohnungseigentümer, im Falle einer Versteigerung bevorzugt befriedigt werden.)

Wird eine Eigentumswohnung versteigert, so wird seitens des Gerichtes ein Sachverständiger mit der Bewertung der Flächen beauftragt. Dieser gibt in der Regel ein Gutachten ab, das als Grundlage für die Versteigerung bei Gericht dient.

Üblicherweise setzt der Richter bei der Versteigerungsverhandlung den Ausrufungspreis mit der Hälfte des aufgrund des Gutachtens errechneten Schätzwerts an. Wichtig ist Folgendes: Jeder Interessierte muss sich vor Beginn der Versteigerungsverhandlung ausweisen und zehn Prozent des Schätzwertes in Form eines Sparbuches vorweisen (Vadium).

Üblicherweise setzt der Richter die Erhöhungen beim Ausrufpreis mit einer Rate von etwa drei Prozent an. Grundsätzlich ist zu beachten, dass nur inländische Bürger und EU-Bürger das Recht haben, Liegenschaftsanteile etc. im Ersteigerungsweg zu erwerben. Nach erfolgtem Zuschlag bleibt zumeist eine Frist von zwei Monaten, um die Restsumme (an das Gericht) zu überweisen. In der Regel erhält man nach etwa 14 Tagen (Wirksamwerden des Beschlusses hinsichtlich der Versteigerung) die Schlüssel des Objekts.

Die Versteigerungen finden bei Gericht statt. Im Internet kann man auch die Sachverständigen-Gutachten samt Bebilderung und Plänen, so vorhanden, öffentlich einsehen.

TIPP

Erkundigen Sie sich sicherheitshalber telefonisch einen Tag vor der Feilbietung beim Gericht, ob die Versteigerung der Immobilie zum angekündigten Termin auch wirklich stattfindet. Oft wird die Verhandlung im letzten Moment abberaumt, weil die Schuld doch noch bezahlt wurde.

Der Nachteil, eine Immobilie im Zuge einer Versteigerung zu erwerben, kann darin liegen, dass meistens keine Innenbesichtigung möglich sind, weil zum Beispiel der Verpflichtete das Objekt noch bis zum letzten Augenblick nutzt. Es gilt daher abzuwägen, ob der Erwerb der Immobilie zum halben Schätzwert den möglicherweise renovierungs- und investitionsbedürftigen Zustand eines Objektes aufwiegt.

VERSTEIGERUNGS-ABC

Edikte

Es werden folgende Edikte unterschieden:

- Versteigerungsedikt,
- Verschiebung des Versteigerungstermins,
- Entfall des Versteigerungstermins und
- Erteilung des Zuschlags mit oder ohne Überbot.

Die Bestimmungen der §§ 375 ff. StPO (Strafprozessordnung) sehen Mittel und Wege vor, die es dem rechtmäßigen Eigentümer ermöglichen, Gegenstände wiederzuerlangen, die ihm durch eine strafbare Handlung entzogen wurden. Der zuständige Richter hat in dem Fall, dass bei einem Beschuldigten ein mit hoher Wahrscheinlichkeit fremder Gegenstand gefunden wird, dessen Eigentümer er nicht angeben kann oder will, eine Beschreibung dieses Gegenstandes durch Edikt zu veröffentlichen. (**Anmerkung:** Das ist insofern wichtig, als im Zusammenhang mit einer laufenden Wohnungsversteigerung der Enteignete keine Möglichkeit mehr haben wird, Gegenstände aus der Wohnung – Möbel etc. – zu bekommen).

Erlag des Meistbots

Der Meistbietende, dem der Zuschlag erteilt wurde, hat das Meistbot binnen zwei Monaten ab Rechtskraft der Zuschlagserteilung bei Gericht, in Raten oder auf einmal, zu erlegen. Das Meistbot ist ab dem Zuschlagstag mit vier Prozent zu verzinsen, das Vadium ist auf das Meistbot anzurechnen (§ 152 Abs. 2 EO).

Erteilung des Zuschlags

Dem Meistbietenden ist nach Erlag des Vadiums der Zuschlag zu erteilen, wenn kein Widerspruchsgrund nach § 184 EO vorliegt.

Erteilung des Zuschlags mit Überbot

Wenn das Meistbot nicht drei Viertel des Schätzwerts erreicht, ist ein Überbot innerhalb von 14 Tagen nach öffentlicher Bekanntmachung des Zuschlags möglich. Das Überbot muss das Meistbot mindestens um ein Viertel übersteigen. Zugleich mit dem Antrag hat der Interessent dem Gericht anzubieten, ein Viertel des angebotenen Betrags als Sicherheitsleistung zu erlegen. Die Sicherstellung ist binnen sieben Tagen nach gerichtlicher Aufforderung durch gerichtlichen oder notariellen Erlag von Bargeld oder Sparurkunden zu leisten (§ 196 Abs. 1 EO). Der Ersteher kann das Überbot entkräften, indem er binnen drei Tagen sein Meistbot auf den Überbotsbetrag erhöht.

Forderungsanmeldung

Die Gläubiger haben ihre Forderungen anzumelden, um bei der Verteilung (zur Gänze) berücksichtigt zu werden. Die Anmeldefrist endet 14 Tage vor der Tagsatzung.

Gemeinschaftliche Liegenschaft - Versteigerung

Das geringste Gebot ist der Schätzwert (§ 352a Abs 3 EO). Der Verpflichtete ist vom Bieten nicht ausgeschlossen (§ 352b Z 2 EO). Es können schriftliche Anbote abgegeben werden, wenn es im Versteigerungstermin kein Bietanbot gibt; die Frist beträgt hier mindestens vier, höchstens jedoch acht Wochen; die schriftlichen Anbote dürfen den Schätzwert um ein Viertel unterschreiten; die Abgabe erfolgt in einem verschlossenen Kuvert (§ 352b Z 3 und 4 EO).

Geringstes Gebot

Geringstes Gebot ist nach dem Gesetz der halbe Schätzwert.

Kein Anbot

Wird kein Anbot abgegeben, so ist auf Antrag ein weiterer Versteigerungstermin anzuberaumen. Der Antrag muss innerhalb von zwei Jahren gestellt werden.

Lasten

Öffentlich-rechtliche Lasten sowie Dienstbarkeiten, Ausgedinge und Reallasten müssen übernommen werden, ebenso bestehende Mietvertragsvereinbarungen. Diese könnten (im schlechtesten Fall) auch mündlich mit dem insolventen Vorbesitzer vereinbart worden sein.

Schätzung

Durch die Schätzung soll eine Verschleuderung der Liegenschaft verhindert werden.

Entfall der Schätzung

Die Schätzung kann unterbleiben, wenn sie innerhalb der letzten zwei Jahre in einem Gerichtsverfahren vorgenommen wurde und sich inzwischen die Beschaffenheit der Liegenschaft nicht wesentlich verändert hat.

Vadium

Das Vadium beträgt zehn Prozent des Schätzwerts (vgl. § 147 Abs. 1 EO). Die Bieter müssen ein Vadium vorweisen. Der Erlag in Bargeld ist ausgeschlossen. Als Sicherheitsleistung eignet sich nur eine Sparurkunde, auch eine, die durch Losungswort gesichert ist oder die auf den Namen des identifizierten Kunden lautet. Das Gericht kann hierüber auch ohne Angabe des Losungswortes verfügen.

Versteigerungsedikt

Das Versteigerungsedikt wird durch Aufnahme des Inhalts in die Ediktsdatei bekannt gemacht mit

- → Kurzfassung des Schätzungsgutachtens,
- → Langgutachten und
- → Lageplan (bei Gebäuden mit Grundriss und zumindest einem Foto).

Das Gericht hat den Versteigerungstermin nach Ablauf der Einwendungsfrist gegen den Schätzwert durch Erlass eines Versteigerungsedikts festzusetzen. Er ist auf ein bis zwei Monate hinaus anzuberaumen. Das Edikt muss einen Monat vor dem Termin in die Ediktsdatei aufgenommen werden. Zwischen der Exekutionsbewilligung und der Versteigerung muss ein Zeitraum von zumindest drei Monaten liegen.

Versteigerungstermin – Ablauf

Keine Zuwartefrist von einer halben Stunde (§ 179 EO).

Der Richter kann Versteigerungsstufen vorgeben, die Stufen dürfen höchstens drei Prozent des Schätzwerts betragen (§ 179 Abs. 2 EO).

Ein Rechtsanwalt oder Notar, der als Bevollmächtigter eines Bieters auftritt, kann sich auf die ihm erteilte Bevollmächtigung berufen (§ 180 Abs. 2 EO).

Das geringste Gebot ist der halbe Schätzwert (§ 151 Abs. 1 EO).

Es gibt keine Zuwartefrist von fünf Minuten vor Erteilung des Zuschlags (§ 181 Abs. 2 EO).

Wiederversteigerung

Bei nicht rechtzeitigem Erlag des Meistbots ist eine Wiederversteigerung von Amts wegen auf Antrag vorzunehmen. Der säumige Ersteher ist vom Bieten nicht ausgeschlossen, er hat aber eine Sicherheitsleistung in der Höhe des geringsten Gebotes vor dem Beginn des Bietens zu erlegen. Er haftet für den Ausfall und den sonstigen

Schaden. Dieser Betrag ist zu verzinsen. Bei erfolgloser Wiederversteigerung haftet der säumige Ersteher für den Differenzbetrag zwischen dem geringsten Gebot und seinem Meistbot. Die Anberaumung eines weiteren Versteigerungstermins bedarf eines Antrags des betreibenden Gläubigers.

Zuschlag

Dem Meistbietenden ist nach Erlag des Vadiums der Zuschlag zu erteilen, wenn kein Widerspruchsgrund nach § 184 EO vorliegt.

Kapitel 3:

Besichtigung des Objekts

Egal, ob Sie sich für eine Miet- oder eine Eigentumswohnung interessieren, Sie sollten die technische Ausstattung der Wohnung genau prüfen. Wie Sie dabei vorgehen, erfahren Sie in diesem Kapitel.

Sie werden kaum ein Objekt finden, das alle Ihre Ansprüche erfüllt. Jede Wohnung und jedes Haus hat irgendwo einen Nachteil, eine Kleinigkeit, die nicht Ihren Vorstellungen entspricht. Hier gilt es Abstriche zu machen; trotzdem sollte Ihre künftige Wohnung Ihren Wünschen entsprechen und die wesentlichen Punkte Ihrer „Checkliste“ erfüllen. Wenn Sie zu viele Ihrer Wünsche streichen müssen, wird die von Ihnen gewählte Wohnung nicht lange Ihr Traumobjekt bleiben und Sie werden sich über kurz oder lang wieder auf die Suche nach dem „richtigen Objekt“ machen. Streichen Sie daher nicht zu viele Punkte Ihrer Checkliste!

Achtung: Sollten Sie in einer Wohnung den einen oder anderen hier beschriebenen Mangel entdecken, heißt das nicht, dass Sie gleich vom Kauf bzw. der Anmietung Abstand nehmen sollen. Die hier gebotenen Informationen sollen Ihnen vielmehr helfen, bösen Überraschungen vorzubeugen. Mitunter können Sie vielleicht den Preis nachverhandeln. – Auf jeden Fall wissen Sie aber, welche Nachteile eine Wohnimmobilie hat.

Der erste Eindruck ist der wichtigste

Wenn Sie eine Wohnung betreten und das Gefühl haben, das ist die richtige, so stehen Ihre Chancen gut, dass Sie tatsächlich Ihr Wunschobjekt gefunden haben. Umgekehrt werden Sie eine Wohnung nicht nehmen, wenn sie nach objektiven Gesichtspunkten zwar die meisten Ihrer Wünsche erfüllen würde, Sie sich darin aber einfach nicht wohlfühlen. Wenn Sie also in einer Wohnung bei dem Gedanken, darin zu wohnen, nur Unbehagen verspüren, sollten Sie diese wohl nicht mieten und schon gar nicht kaufen.

Es ist empfehlenswert, die Wohnung nicht nur allein zu besichtigen, selbst dann nicht, wenn Sie das Objekt ausschließlich für sich selbst suchen. Immer noch gilt, dass vier Augen mehr sehen als zwei. Auch muss Ihnen bewusst sein, dass Sie möglicherweise zu emotional an die Sache herangehen. Ihre Begleitung, die nicht auf Wohnungssuche ist, kann die Wohnung sicherlich objektiver beurteilen.

TIPP

Verlassen Sie sich zunächst auf Ihren ersten Eindruck! Und nehmen Sie spätestens zur Zweitbesichtigung eine vertraute Person mit!

Selbstverständlich sollten alle zukünftigen Mitbewohner die Wohnung besichtigen. Hier gilt genauso, dass die perfekte Wohnung für den Einzelnen nicht unbedingt die geeignete Wohnung für alle ist. Auch Jugendliche können, wenn sie die ihnen zugedachten Räume als ungeeignet empfinden, die Entscheidung beeinflussen, daher sollte wenn möglich auch deren Meinung berücksichtigt werden.

Wohnen ist ein Grundbedürfnis, Wohnen sollte passen, man verbringt i.d.R. mehr Zeit daheim als an sonst einem Ort.

Viele Makler bieten für die Besichtigung Wochenendtermine an. Die meisten Interessenten können sich damit die für die eingehende Wohnungsbesichtigung benötigte Zeit besser einteilen, sind dann nicht so gehetzt und können in aller Ruhe ihre Entscheidung treffen.

TIPP

Die allseits beliebten Wochenendtermine bei Wohnungsbesichtigungen bergen gewisse Nachteile in sich. So ist möglicherweise unter der Woche von einer anderen Parkplatzsituation auszugehen, und auch der Lärmpegel kann aufgrund des Berufsverkehrs erheblich höher sein als am Wochenende.

Wenn Sie also nicht sicher sind, ob die absolute Ruhelage auch unter der Woche gegeben ist, ersuchen Sie um einen zweiten Besichtigungstermin, am besten zur absoluten Rushhour. Die Parkplatzsituation können Sie an Werktagen selbst überprüfen.

Achten Sie auch auf den Sonnenstand: Die in der Früh sonnendurchflutete, weil ostseitige Wohnung kann am Nachmittag sehr dunkel sein. Auch hier empfiehlt es sich, bei Unsicherheit einen zweiten Besichtigungstermin – zu einer anderen Tageszeit – zu vereinbaren, um sich von den tatsächlichen Lichtverhältnissen ein Bild zu machen.

Wenn Sie nach eingehender Besichtigung einer Wohnung immer noch der Meinung sind, dass diese Ihren Ansprüchen genügt, sollten Sie sie einer weiteren eingehenden Besichtigung unterziehen, um nachträglich keine bösen Überraschungen zu erleben.

Oft kommen Emotionen, nicht selten auch beeinflusst und ausgelöst durch den Makler, Hausbesitzer oder Nachbarn auf, die Sie dazu bewegen, das Objekt unbedingt haben zu wollen; daher: Überlegen Sie in Ruhe und möglichst unbeeinflusst!

Besichtigen Sie das Objekt mit den Augen eines Experten

Im Folgenden finden Sie die wohl wichtigsten Ausführungen dieses Ratgebers – Sie erhalten einen „Schnellkurs", der Sie in die Welt der Professionisten bringt. Mit ein bisschen Übung (am besten beginnen Sie damit in Ihrer derzeitigen Wohnung) wird es Ihnen bald gelingen, Mängel ausfindig zu machen, deren Behebung neben Geld und Zeit auch Nerven kosten kann. Diese Tipps beziehen sich größtenteils auf „gebrauchte" Objekte, beim „Erstbezug" einer Immobilie sind andere Gegebenheiten zu beachten.

TIPP

Welches Objekt Sie auch suchen: Sollten Sie sich bei der Besichtigung etwa aufgrund von Zeitdruck überfordert fühlen, machen Sie Fotos in möglichst hoher Auflösung – diese können Sie daheim dann in Ruhe studieren!

Das Badezimmer

Die Fugen

Nehmen Sie die Verfugungen im Bad ganz genau unter die Lupe: Bei der horizontalen Wandverfliesung im Bereich der Badewanne oder der Dusche muss eine Verfugung mittels Silikon angebracht sein damit der Spalt dicht bleibt. Gemäß Ö-Norm besteht die Verpflichtung, diese Arbeitsfuge alle zwei Jahre zu erneuern.

Eine neue Verfugung erstrahlt meisten in hellem Weiß (nicht zwingend, je nach Farbe der Fliesen gibt es auch andere Töne), je älter das Badezimmer ist, desto mehr dunkelt das Silikon nach, oft ist es auch schon an einigen Stellen eingerissen.

Schwarze Flecken in der Verfugung deuten auf Schimmelbildung hin, weil die Fuge aus einem Fungizid-Material hergestellt ist.

Nicht nur das Design und der Zustand der Fliesen selbst, auch die Verfugungen zwischen den Fliesen geben mitunter Aufschluss über das Alter des Badezimmers, und zwar je nachdem, welche Farbe die Fugen ursprünglich hatten. Überprüfen Sie die Ecken – dort kommt man beim besten Willen nur schwer hin, wenn man beabsichtigt, das Badezimmer mittels neuer Verfugung etwas aufzufrischen und moderner wirken zu lassen. Manchmal erkennt man an den Farbunterschieden in unzugänglichen Winkeln, dass nur die Verfugung nachgezogen wurde; die Verfliesung des Bades ist dann nicht neuwertig, sondern eben schon etwas in die Jahre gekommen.

Werfen Sie ebenso einen Blick auf die Duschtrennwand, vor allem auf die Duschwand-Aufhängungen. Ohne ein Fachmann zu sein, werden Sie das „Alter" beurteilen können.

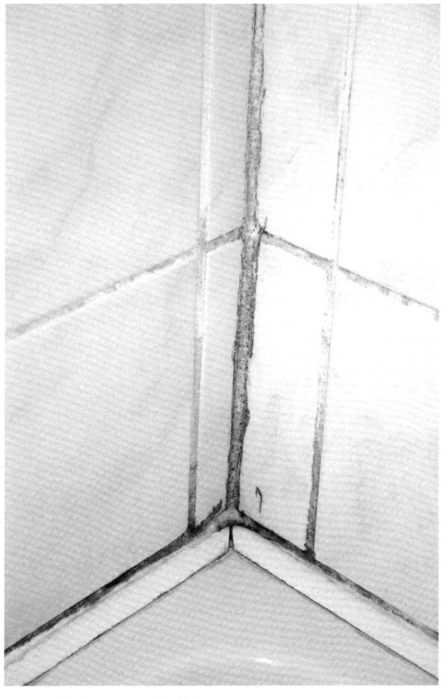

Abb. 1: Fliesenecke mit Schimmelbildung

Fliesen

Ein Abklopfen der Fliesen kann auch nicht schaden. Tatsache ist, dass hohl verlegte Fliesen deutlich anders klingen als solche, die fest im Mörtelbett verlegt sind. Bei hohl verlegten Fliesen ist das Risiko groß, dass sie sich über kurz oder lang von der Wand lösen werden.

Beachten Sie auch die Höhe der Verfliesung: Diese sollte zumindest 1,80 m (Türstockhöhe) betragen, da bei einer geringeren Höhe leichter Spritzwasser an die nicht verfliesten Wände gelangt, was auf längere Zeit gesehen nicht nur optisch einen Mangel darstellt (besonders schöne Designerbadezimmer, in denen nur im Bereich der Dusche Fliesenplatten angebracht sind, die ansonsten aber mit einem Latexanstrich versehen sind, haben möglicherweise den Nachteil, dass durch das Spritzwasser Schäden an der Wandbemalung entstehen).

Sollte Ihnen auffallen, dass die oberste Fliesenkante deutlich von der Wand absteht, ist das ein sicheres Zeichen dafür, dass seinerzeit mit Mörtel nicht gespart wurde – diese Fliesen wurden für die Ewigkeit verlegt. Eine Neuverfliesung kann deutlich teurer werden, da es sehr aufwendig werden kann, das dicke Mörtelbett abzuschlagen und die Wände vor der Neuverfliesung zu begradigen.

Achten Sie darauf, ob in den verfliesten Wänden Bohrlöcher vorhanden sind. Sollten sie sich in Fugenkreuzen befinden, können sie mit einer Neuverfugung unsichtbar gemacht werden. (Fugenkreuze sind auch die geeignetsten Stellen für neue Bohrlöcher)

Armaturen

Neuere Armaturen im Badezimmer sind Einloch-Einhebel-Armaturen bzw. sensorgesteuert. Diese sollten, genauso wie ältere Armaturen, wackelsicher montiert sein und nicht tropfen. Der einfache Test: kurzes Auf- und Abdrehen der Armatur – das Wasser sollte ohne Nachtropfen zum Stillstand kommen. Die Armatur sollte fest verankert sein; wenn sie sich bewegen lässt, wird sie über kurz oder lang tropfen.

Sollte das Badezimmer nur mit einer Wanne ausgerüstet sein, achten Sie darauf, dass eine kombinierte Wannenfüll- und Brausearmatur vorhanden ist. Zu einer normalen Ausstattung gehört unserer Meinung nach auch ein

Duschkopfhalter. Ein nachträgliches Umrüsten einer „alten" Wannenfüllarmatur auf eine kombinierte Wannenfüll- und Brausearmatur kann teuer werden; der Einbau ist schwierig, da man meistens beim Umbau auch Fliesenmaterial zerstört.

Ersparen Sie sich unliebsame Überraschungen: Testen Sie den Umschalter der Brausearmatur. Rinnt die Wannenfüllarmatur nach? Ist der Wasserdruck hoch genug für ungetrübtes Duschvergnügen? Ist der Brauseschlauch irgendwo abgeknickt?

Abb. 2: Nasse Stellen bei der Armatur

Duschtasse und Badewanne

Grundsätzlich unterscheidet man zwischen Kunststoff- und emaillierter Ausführung von Duschtassen bzw. Badewannen. Der Trend geht in Richtung Kunststoff, da bei diesen naturgemäß keine Schäden (wie bei Emaille) auftreten können Kontrollieren Sie dennoch die Badewanne und Duschtasse auf allfällige Sprünge.

Moderne Duschanlagen sind oft barrierefrei ausgestattet. Hier sollten Sie Ihr Augenmerk darauf legen, dass im Bereich der Dusche der Fliesenboden mit einem Gefälle ausgeführt ist, damit das Wasser Richtung „Schattenfuge" (das ist die Fachbezeichnung für den unsichtbaren Wasserablauf) abläuft.

Oft werden bei Badewannen Duschabtrennungen montiert. Ein kritischer Blick auf die Trennfuge zum Badewannenrand sollte Ihnen zeigen, ob diese dicht ist. Gleiches gilt für Duschen – testen Sie die Schiebetüren auf ihre Funktionalität und werfen Sie einen Blick auf die innenliegenden Führungsrillen der Duschtüre.

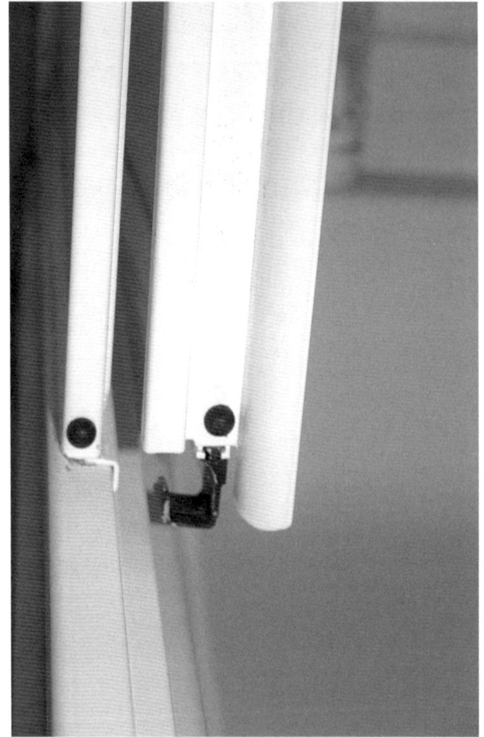

Abb. 3: Führungsschiene der Duschtrennwand

Heizung und Belüftung

Ein großes Badezimmer mag der Traum vieler Wohnungssuchender sein, doch hat dies oft einen Nachteil, der allzu oft übersehen wird: Häufig sind in Badezimmern keine Zusatzheizkörper (Elektroüberkopfstrahler etc.) vorhanden. Denken Sie an die Übergangszeit, bevor Sie die Zentralheizungsanlage in Betrieb nehmen: Könnte es nach dem Duschen oder Baden (vor allem bei kleinen Kindern kritisch) unangenehm kühl werden? Abhängig von der Größe des Badezimmers und der Anzahl der Fenster (wenn überhaupt vorhanden) kann auch das Thema Be- und Entlüftung wichtig werden.

Oft vergessen Bauherren bei Dachbodenausbauten, in denen das Badezimmer in die Dachschräge eingebaut wird, darauf, eine Entlüftung oder einen Ventilator an den höchsten Punkt der Decke zu setzen. Damit ist Schimmelbildung vorprogrammiert!

Sollten Sie in der glücklichen Lage sein, eine geräumige Wohnung gefunden zu haben, in der jedoch das Badezimmer und die Küche weit auseinander liegen, kann dies auch einen Nachteil mit sich bringen. Befindet sich nämlich der Durchlauferhitzer (wie in den meisten Fällen) im Badezimmer und wird die Warmwasserentnahmestelle in der Küche ebenfalls von dort versorgt, werden sich aufgrund der weiten Strecke höhere Kosten für die Warmwasseraufbereitung ergeben.

TIPP

Bedenken Sie die Energiekosten!

Lüften Sie (wenn Fenster vorhanden sind) nach dem Duschen bzw. Baden das Badezimmer. Die Luftfeuchtigkeit im Raum ist hoch (angelaufene Spiegel) und der Wasserdampfgehalt sollte minimiert werden.

Absperrhähne

Im Badezimmer sollten Sie zumindest zwei Zugangsmöglichkeiten zu Absperrhähnen haben. Meistens ist im Bereich der Badewanne oder der Duschecke eine Putztüre zu finden (verschraubbare Aluplatte, generell im Bereich des Abflusses), um Verstopfungen des Ablaufes der Dusche oder Badewanne zu beseitigen, ohne jedes Mal den Bereich aufstemmen zu müssen. Beim Fehlen solcher „Putztüren“ ist schon bei der kleinsten Verstopfung (und Abläufe verstopfen sich leider von Zeit zu Zeit) mit nicht unerheblichen Stemmarbeiten zu rechnen.

Ebenfalls sollte in einem Badezimmer zumindest ein Absperrhahn für die Wasserzuleitung vorhanden sein, damit sich im Notfall der Schaden in Grenzen halten lässt.

Abb. 4: Putztüre bei Abflussproblemen

Exkurs: Zwischendecken, welche zumeist in Nebenräumen (Bad, WC, Küche) montiert werden

Vorsicht ist geboten, wenn Sie den Einbau von Zwischendecken, egal ob in einer Mietwohnung oder einer Eigentumswohnung, planen.

Das Badezimmer in Ihrer neuen Wohnung, einer klassischen Altbauwohnung, ist. Nach einiger Zeit stellen Sie fest, dass bedingt durch die Größe des Badezimmers in der Übergangszeit kurz vor dem Duschen recht niedrige Temperaturen herrschen.

Sie planen daher den Einbau einer abgehängten Zwischendecke. Diese verringert das Volumen des zu beheizenden Badezimmers. Ein weiterer Vorteil ist, dass Sie in die Zwischendecke Niedervoltspannungslampen installieren können, die dem Badezimmer ein moderneres Flair verleihen.

Dass Sie durch den Einbau der Zwischendecke möglicherweise später ein ernst zu nehmendes finanzielles Problem schaffen, bedenken Sie vermutlich kaum.

Die Wohnung über Ihrer hat an derselben Stelle das Badezimmer. In Altbauten besteht ein gewisses Risiko von Wasserrohrbrüchen. Wenn nun im oberen Badezimmer ein Ablaufgebrechen auftritt, werden die Bewohner das wohl kaum bemerken; aber das austretende Wasser nimmt von dem Zwischendeckenraum Besitz.

Der Baumeister hat seine Arbeit gut durchgeführt, es dauert daher eine Zeit, bis Sie an dem abgehängten Plafond einen Feuchtigkeitsschaden bemerken. Tatsache ist jedoch, dass sich in dem *toten* Raum oberhalb Ihrer Zwischendecke bereits massiver Schimmel ausgebreitet hat. Der Vermieter (bzw. Sie selbst, wenn Sie Eigentümer der Wohnung sind) kann nun darauf bestehen, dass die Hausversicherung für diesen Schaden nicht aufzukommen hat, da er nicht entstanden wäre, wenn Sie nicht eine Zwischendecke montiert hätten.

WC

Für das WC gelten grundsätzlich ähnliche Parameter wie für das Badezimmer. Neben den oben erwähnten Details sollte hier Ihr Augenmerk auch auf die WC-Schale gelenkt werden. Ist eine Hänge-WC-Schale montiert, sollte sie gerade hängen und nicht wackeln. Bei einer Stand-WC-Schale werfen Sie einen Blick auf die vier Befestigungsschrauben im Fußbodenbereich. Ist das Porzellan dort ausgeschlagen, ist das ein Hinweis darauf, dass die WC-Schale bereits ein- oder mehrmals abmontiert wurde – und zwar zumeist im Zuge eines Wassergebrechens (Behebung von Verstopfungen etc.).

Abb. 5: WC-Schale

Ob in diesem Fall nur die Abflusszuleitung (Gainze) erneuert wurde oder der gesamte Steigstrang, kann allein aufgrund dieser Faktoren auch kein Experte beurteilen.

Ein neuer Trend geht zu automatischen bzw. selbstreinigenden Toiletten. Bedenken Sie, dass diese Extraausstattungen gewartet werden müssen. Es wäre ein Vorteil, wenn Sie hier einen extra Stromkreis für den Betrieb der Anlage entdecken.

TIPP

Fragen Sie beim Eigentümer oder Verwalter nach, was wann ausgetauscht bzw. repariert wurde (z.B. die Wasser- bzw. Abwasserleitungen).

Vergessen Sie nicht, im WC nachzusehen, ob Sie die Möglichkeit haben, den Steigstrang abzudrehen.

Ein Waschbecken ist in einer getrennten WC-Anlage nicht vorgeschrieben und daher nicht immer vorhanden. Sollte es keines geben, werden alle Ihre Gäste stattdessen Ihr Badezimmer benützen müssen.

Im Übrigen gelten für Waschbecken im WC die gleichen Überprüfungskriterien wie im Badezimmer – das Waschbecken sollte fest verankert sein, die Armatur sollte nicht tropfen und nicht wackeln.

Meistens wird in der Toilettenanlage auf die Montage eines Zentralheizkörpers verzichtet. Ob Sie dieses Kriterium als wichtig erachten oder nicht, bleibt schlussendlich Ihnen überlassen. Schon während der Übergangszeit kann es jedoch in einer unbeheizten WC-Anlage unangenehm werden, im Winter ist es hier sicherlich kalt. Eine Heizung, auch wenn diese nicht an die Zentralheizungsanlage angeschlossen ist, ist auf alle Fälle empfehlenswert.

Küche

Einbauküchen

Sollten Sie das Glück haben, dass sich in der Wohnung bereits eine Einbauküche befindet, werfen Sie zunächst einen Blick in das Backrohr. Hier ist auch für einen Laien am ehesten ein Rückschluss auf das Alter des Herdes und somit in den meisten Fällen auch der Küche möglich. Ein eventueller Pflegerückstau ist hier ebenfalls oft nachweisbar (meistens wird auf die Reinigung des Backrohres beim oberflächlichen Putzen nach dem Auszug des Vormieters vergessen).

Inspizieren Sie jeden Küchenschrank – neben vergessenen Marmeladegläsern oder anderen unbrauchbaren Dingen entdecken Sie mitunter, dass an der einen oder anderen Türe die Scharniere neu verschraubt werden müsssen. Außerdem sind Küchenschränke nicht immer exakt gerade aufgehängt (z.B. Selbstmontage durch den Vormieter oder Voreigentümer). Dies ist aus einiger Entfernung mit freiem Auge erkennbar, aber die Kontrolle mit einer „Miniwasserwaage" kann nicht schaden!

Ein Blick auf die Arbeitsplatte verrät Ihnen möglicherweise, wie alt diese ist. Hinweise auf das Alter gibt die Verfugung (siehe Badezimmer!) zu den Wandfliesen bzw. bei zwei aneinandergrenzenden Arbeitsplatten.

Testen Sie auch die Wasserarmatur. Ist sie in der Arbeitsplatte montiert, ist sehr leicht feststellbar, ob sie wackelt oder tropft – ein sicheres Indiz dafür, dass es sich um keine ganz neue Einbauküche handelt. Bei einer nicht festsitzenden Armatur kann es mit der Zeit zu einem permanenten leichten Wasseraustritt kommen, was weder dem Wasserverbrauch noch dem Zustand Ihrer Arbeitsplatte dienlich ist.

Anschlüsse

In den meisten Küchen finden sich die notwendigen Anschlüsse für Herd und Waschbecken. Nicht ganz zum Standard (vor allem nicht in klassische Altbauten) gehören ein Waschmaschinen- und ein Geschirrspüleranschluss. Diese bestehen in der Regel aus einer Wasserzu- und -ableitung und einem jeweils separaten Stromanschluss. Ein Blick auf die Sicherungen – besser auf den Sicherungsverteiler – sollte Ihnen zeigen, ob Sie einen eigenen gesicherten Stromkreis für diese Geräte haben.

Boden

Ein wichtiger Punkt ist auch, welcher Boden in der Küche verlegt ist: Grundsätzlich sind Küchen mit Fliesenböden oder Kunststoffböden ausgestattet. Gelegentlich findet man auch Parkettböden. Wenn diesegründlich lackiert (Versiegelungslack) wurden, stellt das sicherlich kein Problem dar, und es sollte somit zu keinem Wassereintritt kommen.

Beheizung

Vergessen Sie nicht den Blick auf den Heizkörper in der Küche: Es soll schon vorgekommen sein, dass Vermieter oder Voreigentümer beim Einbau einer Gasetagenheizung großzügig auf die Montage eines Heizkörpers in der Küche verzichtet haben, da ihrer Meinung nach die Küchengeräte ohnehin genug Wärme abgeben. Dieser Ansicht muss man sich nicht unbedingt anschließen. Ein Heizkörper in der Küche kann durchaus sinnvoll sein, vor allem, wenn nicht dauernd gekocht wird.

Loggia, Balkon, Terrasse

Bei einer Loggia sollten Sie darauf achten, dass die Türen und Fenster dicht sind. Prüfen Sie die Führungsrillen der Türen besonders genau. Wirken diese ausgeschlagen, ist hier möglicherweise eine Investition notwendig.

Wenn Ihre Traumwohnung über einen Balkon oder eine Terrasse verfügt, sollten Sie das Geländer genau prüfen. Oftmals sind im Bereich der horizontalen und vertikalen Streben bei den Schweißnähten Rostspuren sichtbar. Testen Sie auch, ob das Geländer stabil ist oder bereits bei leichter Berührung wackelt.

Werfen Sie auch einen Blick auf die Untersicht des Balkons der darüber liegenden Wohnung. Sind hier unter abgebröckeltem Mauerwerk bereits Metallteile sichtbar, wird die Untersicht Ihres Balkons ähnlich sein. Ob dieser Schaden von der Gemeinschaft zu bezahlen ist oder Sie alleine für die Renovierung/Erhaltung aufkommen müssen, steht, wie später noch ausgeführt wird, im Wohnungseigentumsvertrag(Ist darin nichts geregelt, wird wohl die Gemeinschaft für die Sanierung aufkommen müssen, und Sie werden gemäß Ihrem Anteil für die Renovierungsarbeiten mitzahlen müssen. Falls Sie Mieter sind, gilt, dass Sie grundsätzlich ernste Schäden nicht zu beheben haben.

Der Nutzwert/die Nutzfläche von Treppen, Loggien, Balkonen und Terrassen

Ob Sie nun eine Wohnung mieten oder kaufen wollen, das verlangte Entgelt hängt in erster Linie von der Größe des Objektes ab. Es ist daher gut zu wissen, was alles zur Nutzfläche zählt.

Treppen

Sollten Sie das Glück haben, eine Maisonettewohnung (die dann natürlich eine Innentreppe aufweist) zu bekommen, ist Folgendes zu beachten: Unter einer Treppe wird generell ein aus Treppenstufen, deren Folge ein Treppenlauf bildet, bestehendes Bauglied zur Verbindung verschieden hoch liegender Bauebenen verstanden. Allfällige Zwischenpodeste sind Bestandteil der Treppe und daher keine Nutzfläche, außer eine Räumlichkeit ist vom Podest indirekt begehbar.

Die Bodenfläche unterhalb der Treppe ist kein Teil der Treppe, zählt daher zur Nutzfläche des unteren Geschosses, egal ob Sie diese Fläche nutzen können oder nicht.

Loggien

Unter einer Loggia versteht man einen nach vorne offenen, von seitlichen Wänden, einem Fußboden oder einer Decke begrenzten Raum, der in der

Regel anderen Räumen einer Wohnung vorgelagert und, im Unterschied zu einem Balkon, immer an der Hausfront angesetzt und meist in Gebäuden eingeschnitten ist. Die Bodenfläche einer Loggia ist daher der Nutzfläche hinzuzurechnen.

Balkone

Balkone sind von weniger als fünf Seiten umschlossene Auskragungen in den Obergeschossen eines Hauses. Meist sind Balkone offen und deshalb nicht zur Nutzfläche zu rechnen. (**Anmerkung:** Das WEG 2002 schließt Balkone, weil sie baulich mit der Eigentumswohnung verbunden sind, als Zubehör aus. Dessen ungeachtet stellt aber ein Balkon eine Werterhöhung dar, weil sich damit der Nutzwert erhöht.)

Terrassen

Zumeist sind Terrassen künstlich geebnete oder befestigte Flächen vor oder um ein Gebäude in Verlängerung von Loggien; daneben gibt es aber auch Dachterrassen. Diese zählen nicht zur Nutzfläche und nach dem WEG 2002 auch nicht als Zubehör. Im Wohnungseigentum lösen sie aber eine Werterhöhung aus.

Allgemeine Anlagen der Wohnung

Holzverkleidungen und Innentüren

Bei klassischen Altbauwohnungen sollten Sie einen Blick auf die Holzverkleidungen der Durchgangstüren werfen. Tatsache ist, dass oft im Zuge einer Gesamtrenovierung Heizungs- und Stromleitungen unter Putz verlegt werden. Der Bauherr hat es danach zumeist eilig, die neu renovierten Wohnungen zu vermieten bzw. zu verkaufen. Der Baumeister erhält daher sehr bald den Auftrag, die Stemmschlitze, die er für die Versorgungsleitungen aufgestemmt hat, zu verputzen. Daraus resultiert jedoch, dass in der Wohnung viel Grundfeuchtigkeit vorhanden ist.

Weisen in einer neu (oder nahezu neu) renovierten Altbauwohnung die Holzverkleidungen bei den Türen Risse auf, ist dies ein nahezu sicheres Indiz dafür, dass zu schnell gearbeitet wurde, d. h. es wurde nicht darauf geachtet, dass die „Baufeuchte“ abziehen kann.

In einer Neubauwohnung gibt es zumeist Normtüren, die leicht über einen Baumarkt nachbeschafft werden können.

Prüfen Sie, ob alle Innentüren problemlos schließen. Auch hier könnte eine zu „schnelle Baustelle“ die Ursache dafür sein, dass sich die Türen (Türblätter) verzogen haben. Ältere nicht renovierte Türen neigen ebenfalls dazu, nicht mehr perfekt zu schließen.

Achten Sie auch darauf, ob der Schließmechanismus der Türen beim Lackieren übermalt worden ist. Solche Türen schließen zwar möglicherweise perfekt, absperren kann man sie aber nicht mehr.

Abb. 6: Tür mit übermalter Sperrvorrichtung

Fenster

Ähnliches gilt für den Zustand der Fensteranlagen. Nehmen Sie den Griff eines geschlossenen Fensters in die Hand und rütteln Sie daran: Wenn sich das Fenster (mit Klappern) leicht bewegen lässt, ist das ein Hinweis darauf, dass bald eine umfassende Reparatur bald notwendig sein wird.

Probieren Sie, ob sich jedes Fenster öffnen und wieder schließen lässt. Renovierte und neu lackierte Holzfenster schließen möglicherweise nicht mehr perfekt.

Fenster in der Mietwohnung

Bei einer Mietwohnung hat in der Regel der Vermieter für die Reparatur der Außenfenster aufzukommen. Er kann aber von Ihnen verlangen, dass Sie Sie gleichzeitig die Innenfenster renovieren lassen. Das Argument des Vermieters könnte sein, dass es ansonsten bei den nicht behandelten Innenfenstern zu Schwitzwasserbildung kommt. Diese bemerken Sie, wenn in den Fensterachsen (waagrechtes Holz trifft senkrechtes Holz) die Farbe (der Lack) abgebröckelt ist.

Sie sollten daher darauf achten, dass die Innenfenster bei Wohnungsbezug in Ordnung sind.

Fenster im Wohnungseigentum

Im Wohnungseigentum kann vereinbart sein, dass jeder Eigentümer selbst für die Erhaltung seiner Fenster aufzukommen hat. Auskunft darüber gibt ein Blick in den Wohnungseigentumsvertrag oder der Anruf beim Hausverwalter. Ist keine Vereinbarung im Wohnungseigentumsvertrag nachzulesen, hat für die Erhaltung der Fenster die Gemeinschaft aufzukommen!

TIPP

Schauen Sie sich das Haus genauer an. Sollte Ihnen auffallen, dass die Fenster unterschiedlich sind (neue Fenster neben unrenovierten, anderer Stil, z.B. keine Dreiteilung vorhanden, sondern Zwei-Loch-Fenster, [Fachausdruck: Zwei Fenster lassen sich öffnen und schließen]), ist dies ein deutlicher Hinweis darauf, dass jeder Eigentümer selbst für die Erhaltung/Reparatur zuständig ist.

Der Boden

Ein schöner Altbau-Parkettboden (Brettelboden) kann einer Wohnung ein besonderes Flair verleihen. Sollte sich in der Wohnung, die Sie besichtigen, noch der Original-Parkettboden befinden, sollten Sie Folgendes beachten: Ein klassischer Parkettboden kann im Laufe seines „Lebens" bis zu vier Mal geschliffen werden. Vielleicht ist aufgrund seines Alters ein neuerliches Abschleifen und Versiegeln gar nicht mehr möglich. Die einzige Alternative in diesem Fall ist: Entfernen des alten und Verlegung eines neuen Parkettbodens. Das ist nicht unbedingt billig. Diese Renovierungsarbeiten verteuern den Kauf einer Wohnung und schieben den möglichen Einzugstermin hinaus.

Achten Sie auch darauf, ob der Boden durchhängt (beim Begehen des Fußbodens spüren Sie deutliche Niveauunterschiede). Auch das ist ein Indiz, dass dieser Boden bald ausgetauscht oder zumindest repariert werden muss.

Bei der Anmietung einer solchen Wohnung ist der Vermieter innerhalb der Mietdauer grundsätzlich nicht verpflichtet, den Parkettboden auszutauschen, auszubessern oder neu zu versiegeln.

Haben Sie einen großen Spalt zwischen dem Boden und dem Türblatt entdeckt? In Altbauwohnungen ist oft im Bereich der Türdurchbrüche ein leichtes Ansteigen des Fußbodens bemerkbar – das ist aber normal und bedeutet nicht, dass der Parkettboden bald ausgetauscht werden muss.

Sollte in einem Altbau der Weg durch ein Zimmer, also von Tür zu Tür, nicht eben sein, sondern Sie das Gefühl haben, „bergab und bergauf" zu gehen, könnte es sich um einen ernsten Schaden des Hauses handeln, für den der Vermieter aufzukommen hat. Bei einer Eigentumswohnung müssen möglicherweise Sie selbst für diese Kosten aufkommen.

Eine genaue Abgrenzung, wann es sich um einen „ernsten Schaden" der Liegenschaft handelt, gibt es nicht; genau das ist der Grund, warum damit häufig Gerichte beschäftigt werden.

Oft bemängelt werden Risse bzw. größere Fugen in den Parkettböden. Erfahrungsgemäß stellt dies jedoch keinen negativen Hinweis betreffend den Zustand (da es sich hier um normale Abnützungsspuren handelt) des Bodens dar.

Die technische Seite der Wohnung

Hier geht es richtig um Ihr Geld: Änderungen, Verbesserungen oder gar komplette Neuinstallationen sind genauestens zu kalkulieren.

Die Elektrik

Sie kochen gerne auf einem Elektroherd mit Ceranplatte, in Ihrer Traumwohnung gibt es jedoch nur einen Gasherd. Sie dürfen das Gerät austauschen? Fein. Erkundigen Sie sich trotzdem vorsichtshalber beim E-Werk. Erst dann können Sie sicher sein, dass der geplante Austausch wirklich kein Problem darstellt.

Schalter und Steckdosen

Wenn Sie die Wohnung besichtigen, achten Sie unbedingt auch auf das Design der Schalter und Steckdosen. Diese sind ein wichtiges Indiz für den Zustand der Elektrik: Wenn eine Wohnung generalsaniert wird, werden in der Regel die gesamten Stromleitungen in einem Zug erneuert. Nachdem der Maler die Wände gefärbelt hat, bringt der Elektriker einheitliche neue Schalter und Steckdosen an. In einer frisch renovierten Wohnung sollten daher alle Schalter und Steckdosen das gleiche Design aufweisen.

Hat der Eigentümer oder Besitzer der Wohnung die Stromleitungen selbst renoviert und das nicht in einem Zug erledigt, haben die Schalter und Steckdosen möglicherweise verschiedene Designs.

Weisen daher die Räume einer Wohnung Schalter und Steckdosen verschiedener Designs auf, ist dies ein sicheres Indiz dafür, dass höchstens ein Teil der Wohnung mit neuen Stromleitungen ausgestattet wurde.

Übersehen Sie dabei nicht die Bestimmungen des Elektrotechnikgesetzes: Für den Fall, dass Sie eine wesentliche Änderung (über 2 kW) an Ihrer Stromanlage durchführen, sind Sie verpflichtet, die gesamte Wohnungsinnen-Stromanlage auf einen einheitlichen neuen Standard zu bringen. Schon der fachgerechte (Neu-)Anschluss eines Geschirrspülers könnte diese Verpflichtung auslösen!

Um tatsächlich den Zustand der Elektrik zu beurteilen, sind Sie möglicherweise auf die Hilfe eines Elektrikers angewiesen. Hier sollten Sie, insbesondere wenn Sie planen, die Wohnung zu kaufen, nicht am falschen Ort sparen, da die fehlende Information Sie teuer zu stehen kommen kann.

Falls Sie bei einer Mietwohnung bezüglich der Elektroanlage unsicher sind, lassen Sie sich vor Anmietung die komplette Modernisierung der Elektroinnenanlage bestätigen.

Achtung: Es ist durchaus vorstellbar, dass der Vermieter oder Verkäufer in Kenntnis dieser Faktoren vor Vergabe der Wohnung einheitliche Steckdosen und Schalter anbringt. Ein Blick dahinter könnte sich lohnen: Wenn Sie erkennen, dass die Drähte in einem Rohr verlegt wurden, können Sie fast sicher sein, dass es sich bei dieser Stromanlage nicht um eine „Uralt-Verkabelung" handelt; sollten jedoch die Stromleitungen in der Wand „verschwinden", ist mit großer Wahrscheinlichkeit von einer nicht mehr zeitgemäßen Elektroanlage auszugehen.

Achten Sie auch darauf, ob die Schalter und Steckdosen in allen Räumen auf gleicher Höhe angebracht sind. Selbst dieses Detail – die Montagehöhe – war und ist gewissen Trends unterworfen. Daher: Wenn sich in den Räumen einer Wohnung die Steckdosen und Schalter nicht auf derselben Höhe befinden, ist das ebenfalls ein Indiz für eine *Mischinstallation.*

Der Sicherungsverteiler

Die Vorschrift, dass der FI-Schalter bei 0,03 Ampere auslöst, ist seit gut 25 Jahren in Kraft. Sie erfahren den Auslösestrom durch das Kleingedruckte am Sicherungsverteiler.

Tatsache ist, dass das E-Werk einen Sicherungsverteiler mit einem FI-Schalter, der bei 0,1 Ampere auslöst, nicht in Betrieb nimmt.

ELEKTROBEFUND ALLE FÜNF JAHRE NEU

Der Elektrobefund soll grundsätzlich Stromausfälle vermeiden und die Sicherheit sowie die einwandfreie Funktion von Elektroinstallationen gewährleisten. Betreiber einer elektrischen Anlage (Vermieter von Wohnungen, Mietshäusern oder anderen gewerblich genutzten Einrichtungen) sind behördlich verpflichtet, diese alle fünf Jahre gemäß ÖVE/ÖNORM E 8001, Teil 6-62 überprüfen, d.h. einen Elektrobefund erstellen zu lassen. Dies gilt seit 2010 auch bei der Vermietung einer Wohnung gemäß § 2 Abs. 1 MRG.

Bestehen Sie auf einer Kopie des Befundes!

Apropos Test des FI-Schalters: Gemäß den einschlägigen Bestimmungen der Elektrotechnik ist dieser regelmäßig zu überprüfen, indem Sie den kleinen Prüfknopf betätigen. Dahinter ist eine Mechanik, bestehend aus Federn und Plastikhebeln, verborgen: Nach oftmaliger Betätigung des Mechanismus kann ein Teil brechen. Sollte das passieren, ist der FI-Schalter auszutauschen.

Ein Blick in den Sicherungsverteiler gibt Auskunft darüber, ob weiterer Handlungsbedarf besteht: Je nach Größe der Wohnung sollten ausreichend viele Stromkreise vorhanden sein. Standard sollte ebenfalls sein, dass die Waschmaschine, der Geschirrspüler, das Backrohr und die Therme eine eigene Stromzuleitung samt Sicherungen haben.

Ein sicheres Indiz dafür, dass sich der Eigentümer, Vormieter oder Vermieter um seine Wohnung gekümmert hat, ist die Beschriftung der Stromkreise am Sicherungsverteiler.

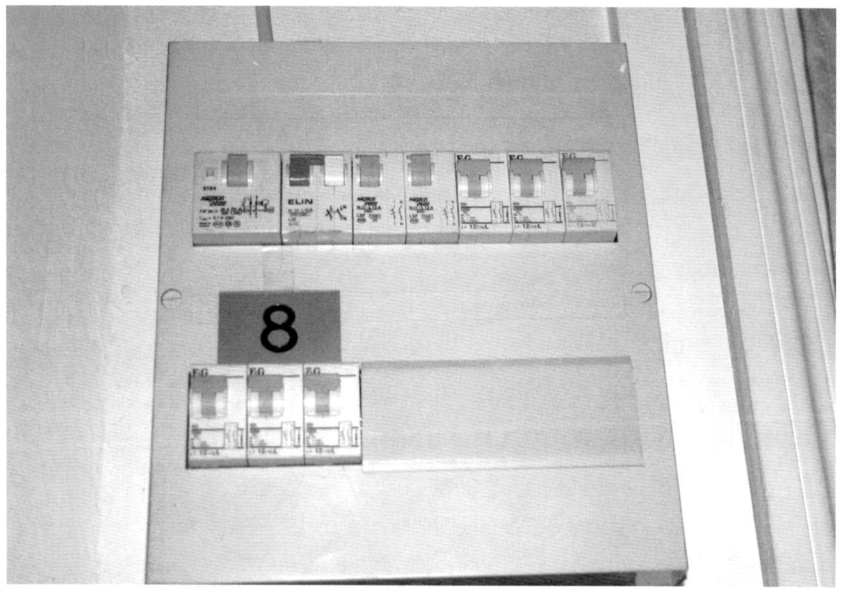

Abb. 7: Nicht beschrifteter Sicherungsverteiler

Abb. 8: FI-Schalter

Leerverrohrung

Wenn Sie die Information erhalten, dass die Stromanlage komplett neu installiert wurde, sollten auch Leerverrohrungen für Telefon, Telekabel oder Satellit vorbereitet worden sein. Auch sollte sich diese Leerverrohrung nicht nur in einem Raum befinden. Möglicherweise wollen Sie, wie früher allgemein üblich und auch heute noch oft gewünscht, das Telefon im Vorzimmer platzieren, haben aber genau dort keine Leerverrohrung.

Bei einer Mietwohnung sollten Sie weiters kontrollieren, ob es Oberputzleitungen gibt. Ist das der Fall, sollten Sie Ihren Mietvertrag genau prüfen: Meistens ist in den schriftlichen Mietverträgen festgehalten, dass die Verlegung von Versorgungsleitungen nur unter Putz erfolgen darf. Wenn Ihnen der Vermieter eine Wohnung übergibt, die mit freiliegenden Kabeln ausgestattet ist, haben auch Sie streng genommen keine Verpflichtung, eine Neuverlegung eines Stromkreises unter Putz vorzunehmen (optisch stellt eine „Unter-Putz-Verlegung" von Kabeln sicherlich die bessere Variante dar). Sollte Ihr Vermieter also bei Ende des Mietverhältnisses verlangen, dass Sie die ober Putz verlegte Telekabelleitung entfernen, hat er Pech, denn er hat Ihnen eine Wohnung mit Oberputzleitungen übergeben!

Fertigen Sie bei Beginn des Mietverhältnisses jedenfalls eine ausreichende Anzahl von Fotos an und notieren Sie auch in den Wohnungsunterlagen, wo Sie diese abgespeichert haben.

Die Gasanlage

Wenn in einer Wohnung kein Gas eingeleitet ist, kann das auch heißen, dass in der gesamten Liegenschaft kein Gasanschluss vorhanden ist. Das Gaswerk gibt genaue Auskunft darüber.

Der Gasmesser

Ein Gasmesser Modell 4 ist also keine Garantie dafür, dass die Gasleitungen in der Wohnung auch dicht sind!

Gasmesser mit der Bezeichnung 4 Kubikmeter Gas pro Stunde können von diesem Gerät gezählt werden. Auch wenn mehr verbraucht wird, kann das Gerät die Zählung noch durchführen, es gibt allerdings, wenn es aufgrund von hohem Gasverbrauch in oder den Grenzwert kommt, bei der Messung ein störendes Geräusch von sich.

Die kleineren 2,5-Kubikmeter-Gasgeräte wurden bis vor ca. fünfzehn Jahren verwendet, standardmäßig werden mittlerweile aber G-4-Messer eingebaut.

Geschraubt, geschweißt oder gepresst?

Die Anschlüsse der Gasleitungen rund um den Gasmesser sollten Sie ebenfalls genau unter die Lupe nehmen. Hier können Sie am besten den Zustand der Gasleitung ermitteln.

Ist es eine gepresste, eine geschweißte oder eine gelötete Leitung? Auch für einen Laien sind Schweißnähte erkennbar – diese sind ein sicheres Indiz dafür, dass es sich bei der Gasleitung um ein neueres Modell handelt, die Wahrscheinlichkeit eines Gasgebrechens ist damit geringer. Finden Sie jedoch um das Gewinde Spuren von Hanf, handelt es sich hierbei mit Sicherheit um eine ältere, also geschraubte Gasleitung. Hier ist zu erwarten, dass der Hanf irgendwann austrocknet und die Gasleitung undicht wird.

Nicht immer kann eine undichte Gasleitung repariert werden, ohne dass aufgestemmt werden muss. Fehlerquellen sind Verbindungsstücke und Abzweigungen. Meistens muss die Gasleitung komplett ausgetauscht werden.

Auch hier stellt sich die Frage: Ist die Gasleitung ober oder unter Putz verlegt? Hat der Bauherr die Gasleitung lediglich ober Putz verlegt, ist das zumindest ein Indiz dafür, dass er bei der Renovierung der Wohnung Geld sparen wollte. Inwieweit er bei anderen Investitionen genauso gedacht hat oder bei einer Mietwohnung auch in Zukunft denken wird, ist nicht abschätzbar, wahrscheinlich ist aber, dass Ihr Vermieter bei notwendigen Renovierungsarbeiten ebenfalls eher sparsam sein wird.

Kein Nachteil ohne Vorteil: Wenn Ihnen der Vermieter eine Wohnung zur Verfügung stellt, in der die Gasleitung ober Putz geführt wurde, haben Sie grundsätzlich nicht die Verpflichtung, Ihre Versorgungsleitungen unter Putz zu verlegen.

Etwas Fachchinesisch zum Thema Gasleitung

Unter Installateuren ist es seit ca. zehn Jahren üblich, neue Gasleitungen nicht mehr in der geschraubten Variante herzustellen. Bei den Schraubstellen muss Hanf verwendet werden; dieser kann austrocknen und dadurch die Leitung undicht werden. Heute ist die Neuinstallation einer geschraubten Leitung verboten. Sollten Sie daher in Ihrer Traumwohnung eine geschraubte Gasleitung entdecken, ist das ein sicheres Indiz dafür, dass die Leitung zumindest zwanzig Jahre alt ist.

Geschweißte – gepresste Gasleitung – Vor- und Nachteile

Gepresste Gasleitungen werden seit etwa 25 Jahren hergestellt. Dafür werden meisten Kupfer-, aber auch Stahlrohre verwendet. Mithilfe einer hydraulischen Presszange werden die Rohre kraftschlüssig verpresst. Eine gepresste Gasleitung hat den Vorteil der wesentlich einfacheren Montage: Damit kann der Installateur, wenn die Erneuerung der Leitung notwendig ist, diese ohne großen Aufwand den neuen Gegebenheiten anpassen.

Der relative Nachteil einer gepressten Kupferleitung ist, dass diese leichter an- und durchgebohrt werden kann als eine Stahlgasleitung.

Für eine geschweißte Leitung spricht sowohl die Erfahrung als auch die Haltbarkeit. Solche Leitungen werden bereits seit mehr als 100 Jahren hergestellt. Will er jedoch die Ausführung der Gasleitung in geschweißter Form vornehmen, ist schweres Gerät notwendig. Neben dem Nachteil, dass eine geschweißte Leitung an Ort und Stelle zu verlegen ist und daher oft mit langen, sehr sperrigen Leitungsrohren gearbeitet werden muss, kommt auch noch das Schweißgerät zum Tragen. Neben der Verbrennungsgefahr bei Schweißarbeiten bedenken Sie, dass der Installateur sich mit seinem Schweißzeug in Ihrer Wohnung einrichtet. Dieses besteht zumeist aus großen, schweren Stahl-Flaschen und dem Schweißgerät.

Erdgasleitungen werden oft in der Ausführung als Kunststoffleitung vorgeschrieben. Die Kunststoffgasleitung hat den Vorteil, dass sie kaum korrodieren kann. Auch diese wird vom Installateur geschweißt.

Die Heizung

Grundsätzlich ist es Sache des Vermieters, dafür zu sorgen, dass ein Objekt beheizbar ist bzw. dass Sie eine Heizung betreiben können. Sollte in Ihrem Traumobjekt keine zeitgemäße Heizung vorhanden sein und haben Sie vor, eine klassische Gasetagenheizung einzubauen, ist der Kaminanschluss in Ihrer Wohnung von Ihrem Vermieter (bzw. der Wohnungseigentümergemeinschaft) instand zu halten.

Oft ist der Kamin undicht und muss geschliffen werden. Der Rauchfangkehrer trägt an der Innenseite des Kamins Mörtel auf und zieht gleichzeitig eine Kugel durch den Kamin. Damit verschmiert er den Mörtel, „verputzt" also quasi die Innenflächen – und der Kamin wird wieder „dicht".

Diese Kosten sind grundsätzlich vom Eigentümer zu tragen. Bedenken Sie beim Kauf einer Wohnung, dass Ihnen ein Teil der Liegenschaft gehört!

Stichwort Brennwertkessel

Dieser Heizkessel wurde bereits 1982 entwickelt und war damals sogar schon serienreif. Der Unterschied zu einer „normalen" Heiztherme besteht im Wirkungsgrad. Der Nutzungsgrad bei herkömmlichen Heizthermen liegt bei 70 bis 80 %, bei einem Brennwertkessel bei knapp 100 %.

Dieser hohe Wirkungsgrad (~ Brennwert) wird dadurch erreicht, dass die vom Kessel abgegebene (warme) Luft nicht durch den Kamin geschickt wird (und damit nutzlos schwindet), sondern vom Gerät genützt wird.

Vereinfacht ausgedrückt: Bei einem Gas-Brennwertkessel wird genau wie bei anderen Heizkesseln das Heizwasser über die Verbrennungswärme erhitzt. Während jedoch bei alten Heizungskesseln die dabei entstehenden Abgase in den Schornstein geleitet werden, können mit der Brennwerttechnik diese warmen Abgase genutzt werden.

Dies bedingt jedoch eine komplette – und auch kostenintensive – Umgestaltung des Kamins, dahingehend, dass der Kamin auf ein „Rohr-im-Rohr"-System umgebaut wird.

Die Gasetagenheizung

Der Volksmund nennt sie Gasetagenheizung. Woher sich diese Bezeichnung ableitet, konnte uns kein Fachmann erklären. Hinlänglich versteht man unter dieser Bezeichnung eine wohnungseigene Zentralheizung. Sie sollten darauf achten, dass zumindest jeder Hauptraum einen Zentralheizkörper aufweist. Die Zentralheizkörper sollten in der Regel unter den Fensterachsen angebracht sein. Das garantiert eine optimale Lufterwärmung. Ob nun die Zu- und Ablaufleitungen der Heizkörper unter oder ober Putz verlegt sind, ist nicht nur Geschmackssache: Sind die Heizrohre nicht sichtbar, zeigt dies, dass der Errichter der Gasetagenheizung bereit war, einiges mehr für die Installation der Heizanlage zu bezahlen. Außerdem können Heizungsrohre, die ober Putz verlegt sind, das Anordnen der Möbel etwas verkomplizieren. Einbaukästen oder dergleichen können nicht direkt an der Wand aufgestellt werden.

Eine alte Etagenheizung erkennen Sie daran, dass sie mit einem Einrohrsystem ausgestattet ist: Das heiße Wasser läuft hier von der Zentralheizungstherme durch ein Rohr von einem Heizkörper zum anderen. Dieses System wird seit mindestens zehn Jahren nicht mehr verwendet. Ein großer Nachteil ist, dass die am weitesten von der Therme entfernten Heizkörper möglicherweise keine ausreichende Wärme mehr abgeben.

Heute wird fast ausschließlich ein Zweirohrheizsystem eingebaut, das heißt mit Vorlauf und Rücklauf. Der Vorlauf transportiert das heiße Wasser von der Therme in die Heizkörper. Erfahrungsgemäß genügt es, wenn die Vorlauftemperatur 55 Grad beträgt (das ist die Temperatur, mit der das heiße Wasser die Therme verlässt). Der Rücklauf befördert das Wasser zurück.

Die Therme

Befindet sich in der Wohnung eine Gasetagenheizung, dann achten Sie auf die Prüfplakette, welche auf der Therme angebracht sein muss. Aus dieser ist ersichtlich, wann die nächste vorgeschriebene Abgasmessung zu erfolgen hat. Ist dieser Termin überschritten, fordern Sie den Verkäufer oder Vermieter auf, diese Messung vor dem Kauf bzw. der Anmietung des Objektes nachzuholen. Auch sollten Sie sich die Unterlagen der jährlich notwendigen Wartung zeigen lassen. Eine „ungewartete" Therme wird schneller kaputt. Vor allem beim Kauf einer Wohnung kann die nachträgliche Anschaffung einer Therme Ihr Finanzierungskonzept gehörig ins Wanken bringen. Wenn Sie eine Wohnung mit Gasetagenheizung mieten, sollten Sie ebenfalls auf den Wartungszustand achten, da sich ein Rückstand in den Heizkosten niederschlägt.

Gasgeräte mit einer Leistung von weniger als 21 Kilowatt müssen kraft Verordnung alle fünf Jahre vom Rauchfangkehrer oder einem dazu befugten Gewerbetreibenden hinsichtlich der Emissionen überprüft werden. Geräte von 21 bis 26 Kilowatt – diese Leistung entspricht einer normalen Therme – müssen alle zwei Jahre überprüft werden, Gasgeräte mit einer Leistung von über 26 Kilowatt jährlich. Der diesbezügliche Hinweis (vergleichbar den Prüfplaketten – für Autos) muss an der Therme angebracht sein.

Ein einfacher Test zeigt Ihnen, ob eine Therme auch wirklich regelmäßig gewartet wurde: Nehmen Sie diese in Betrieb – lassen Sie heißes Wasser laufen oder schalten Sie die Heizung ein – und beobachten Sie die Flammen. Sind diese bläulich, ist das Gerät nicht verschmutzt. Bei gelblichen Flammen wissen Sie sofort, dass hier in den letzten Jahren vermutlich kein Service stattgefunden hat.

Laut Auskunft der Landesinnung der Sanitär-, Heizungs- und Lüftungstechniker ist ein fachgerechtes Service für eine Therme kaum unter 70 Euro zu bekommen. Das Gerät muss zerlegt, die Lamellen müssen gebürstet und die Funktion überprüft werden. Ein Facharbeiter benötigt dafür zumindest eine Arbeitsstunde.

Bedenken Sie, dass Sie eine defekte Therme gegen ein modernes Brennwertgerät umtauschen müssen.

Sie haben als Vorteil einen rund 10 % geringeren Energieverbrauch, Nachteile sind einerseits der wesentlich höhere Anschaffungspreis der Therme (und des Kaminsystems), aber auch damit einhergehende Änderungen beim Anschluss des neuen Gerätes. Stemmarbeiten werden sich nicht vermeiden lassen!

Die Heizkörper

Es gibt jede Menge Designer-Heizkörper: Jeder hat schon einmal einen „Handtuch-Heizkörper" gesehen. Es gibt aber noch unzählige Modelle, die sich wie Möbel in Ihre Wohnungsausstattung integrieren. So schön diese Heizkörper optisch auch sein mögen – achten Sie immer auch auf die Heizleistung!

Ganz wichtig ist, welche Thermostate sich am Heizkörper befinden: Grundsätzlich gibt es zwei Arten: einerseits Regler, die nur die Durchflussmenge des Wassers durch den Heizkörper bestimmen, andererseits auch Thermostatventilköpfe. Letztere haben den Vorteil, dass Sie damit die Raumtemperatur für jeden Raum individuell regeln können.

Hier ist aber Folgendes zu beachten: Sollten Sie aus Gründen der Kostenersparnis einige Räume niedriger temperiert haben wollen und somit im guten Glauben die Heiztemperatur in diesen Räumen entsprechend regeln, aber bei der Kombitherme eine hohe Vorlauftemperatur eingestellt haben, kann dies dazu führen, dass die Etagenheizung nicht richtig arbeitet. Denn die Zentralheizung schickt permanent heißes Wasser (Vorlauftemperatur) auf die Reise, während die Zentralheizungskörper kein heißes Wasser aufnehmen wollen (weil der Thermostatknopf es verhindert). Hier kann eine ungewollte, nahezu permanente Zirkulation entstehen, wenn Sie in dem einzigen Raum, in dem noch dazu der Raumthermostat montiert ist, Wärme haben wollen.

Der Raumthermostat

Bei einfachen Ausführungen lässt sich nur die gewünschte Temperatur einstellen, die Heizanlage arbeitet nach dem Motto: Ist die Raumtemperatur erreicht, schalte ich mich ab.

Wenn Sie in höherwertige Geräte investieren wollen, ist das eine gute Sache. Die Ersparnis liegt in geringeren Energiekosten, wenn der Raumthermostat mit einer „Wochentags- und Uhrenfunktion" ausgerüstet ist. Bedenken Sie nur, dass diese Funktionen Strom benötigen. Dieser wird nicht immer durch das Verbindungskabel der Therme geliefert, es müssen also möglicherweise zusätzliche Stromleitungen verlegt werden!

Jedoch können Sie neuere Thermen bereits per Handy-App steuern. Zusätzlich können Sie (mitunter) sowohl die Temperatur als auch die Luftfeuchtigkeit in Ihrer Wohnung kontrollieren und so jederzeit „aus der Ferne" reagieren.

Die Wasserleitungen

Grundsätzlich obliegt die Erhaltung der unter Putz verlegten Wasser- (und Abwasser-)Leitungen dem Eigentümer, also dem Hausbesitzer oder der Eigentümergemeinschaft. Vereinfacht ausgedrückt handelt es sich bei derartigen Schäden (Druckwasserrohrbrüche) um ernste Schäden der Liegenschaft, für deren Behebung der Eigentümer aufzukommen hat.

Blei im Wasser

Viele Länder beneiden uns um die Qualität unseres Wassers – völlig zu Recht. Ein Problem im klassischen Altbau ist dennoch nach wie vor die Bleibelastung, da noch unzählige alte Bleileitungen verlegt sind: Die derzeitigen Grenzwerte sprechen von einer überhöhten Bleibelastung, wenn die Messergebnisse mehr als 25 ppm Blei im Wasser anzeigen. Es ist (die finanzielle) Sache des Vermieters, dass diese Grenzwerte nicht überschritten werden. Zahlreiche Organisationen (z.B. Greenpeace) bieten Auswertungen an. Bedenken Sie aber bei Ihren Messungen, dass die Wasserprobe erst nach einer Minute gemessen werden darf. Bei extremen Werten haben Sie ein Recht auf Mietzinsminderung.

Neue Wasserleitungen

Sollten Sie planen, das Badezimmer neu zu gestalten und in diesem Zusammenhang auch die alten Wasserzuführungsleitungen gegen Kunststoffleitungen auszutauschen, prüfen Sie den Kostenvoranschlag des Installateurs ganz genau. Hier muss gewährleistet sein, dass die verwendeten Kunststoffleitungen das Prüfzeichen des ÖVGW (Österreichische Vereinigung für das Gas- und Wasserfach) aufweisen.

Gleiches gilt für den Wasserzuflussschlauch Ihrer Waschmaschine. Auch dieser muss ein Prüfzeichen des ÖVGW aufweisen. Damit sollte gewährleistet sein, dass zumindest ein Druck von 15 bar ausgehalten wird. Unterschätzen

Sie diesen Faktor nicht: Die Haushaltsversicherung könnte sich leistungsfrei stellen, wenn der Wasserzuflusshahn Ihrer Waschmaschine platzt und das Leitungswasser ungehindert austritt und einen großen Schaden verursacht. Dieser Punkt ist bei Ortsabwesenheit besonders wichtig. (Ortsabwesend sind Sie übrigens dann, wenn Sie länger als 72 Stunden nicht zu Ihrem Wohnort zurückkehren.) In solchen Fällen ist zu empfehlen, dass Sie das Wasser abdrehen und die Innenanlage Ihrer Wohnung wasserlos legen.

Achten Sie bei der Besichtigung besonders darauf, ob es in der Wohnung einen zentralen Wasserhahn gibt, mit dem Sie die Wasserzufuhr in der ganzen Wohnung abdrehen können!

Kapitel 4:

Rund um die Wohnung – das Haus

Die Praxis zeigt es: Ihre Traumwohnung kann noch so schön und perfekt sein, das Umfeld sollte aber ebenso passen. In diesem Kapitel erfahren Sie, welche Faktoren Sie außerhalb der vier Wände Ihrer Wohnung beachten sollten.

TIPP

Wenn Sie eine Eigentumswohnung erwerben, zahlen Sie anteilig an den Erhaltungskosten mit. Besichtigen Sie daher das Gebäude mit den Augen eines Experten. So erkennen Sie Mängel, deren Behebung Sie anteilig zu tragen haben werden.

Wenn Sie sich wirklich für eine Wohnung interessieren, nehmen Sie sich nach dem Trubel der ersten Besichtigung noch wenigstens eine halbe Stunde Zeit, um das Haus alleine und in Ruhe in Augenschein zu nehmen.

Mit den folgenden Informationen sollen Sie in die Lage versetzt werden zu beurteilen, ob der Hauseigentümer bzw. die Wohnungseigentümergemeinschaft sowie der Verwalter daran interessiert sind, den Wert der Liegenschaft zu erhalten bzw. zu erhöhen, oder ob nur die notwendigsten Investitionen getätigt werden.

Insbesondere wenn Sie einen Kauf im Hinblick auf die Wertsteigerung als Vermögensanlage anstreben, sollten Sie auf den Allgemeinzustand der Liegenschaft achten, da der Wert einer Wohnung unter anderem vom guten oder eben schlechten Erhaltungszustand der gesamten Liegenschaft abhängt.

Wie bekomme ich weitere Informationen über die Wohnung und das Haus?

Die Nachbarn/die Bewohner

Sollte es in der Liegenschaft keinen klassischen Hauswart (der Ihnen gegen kleine Aufmerksamkeiten sicher beste Informationen liefern kann) geben, läuten Sie ganz einfach bei Ihren (womöglichen zukünftigen) Nachbarn! Auch hier gilt: Mit der Information, dass im Haus eine Wohnung verkauft oder vermietet wird, sollte der Nachbar eher gesprächsbereit sein. Ist er es nicht, bedenken Sie, dass der „freundliche“ Nachbar auch nach Ihrem Einzug noch in der Liegenschaft wohnen wird.

Ist er jedoch zugänglich, werden Sie erstaunt sein, wie viele „Geheiminformationen“ förmlich aus ihm heraussprudeln werden, etwa darüber, ob das Haus hellhörig ist, es viele spielende Kinder oder musizierende Nachbarn gibt oder ob und wie der Hausverwalter auf Anfragen reagiert.

Miteigentümer im Wohnungseigentum

Ein Blick in das **Grundbuch** sollte genügen: Sie erfahren, wer die Wohnung tatsächlich besitzt. Vergleichen Sie diese Liste mit den Namen auf der Gegensprechanlage, so wissen Sie sofort, wer Eigentümer ist und wer seine Wohnung vermietet hat.

Sind viele Wohnungen der Liegenschaft, in welcher Sie eine Eigentumswohnung erwerben wollen, vermietet, können Sie davon ausgehen, dass die vermietenden Eigentümer kein großes Interesse an notwendigen Investitionen zeigen werden, da diese ihre Erträge schmälern.

Ein Gespräch mit dem einen oder anderen Miteigentümer kann nicht schaden. Auch wenn Sie im Zuge der Besichtigung den Eindruck gewonnen haben, dass in der Liegenschaft alles in Ordnung ist, kann der Miteigentümer neue interessante Informationen zutage fördern. Möglicherweise gibt es eine schon langanhaltende Auseinandersetzung wegen einer zu dünnen Trennwand. Es kann sein, dass der Eigentümer, der die Wohnung verkaufen will, diesen Schritt und Entschluss gefasst hat, weil er den ewigen Auseinandersetzungen mit den Nachbarn nicht mehr gewachsen ist.

In einer Eigentumswohnhausanlage ist es grundsätzlich notwendig, allfällige Entscheidungen gemeinsam zu treffen. Aus den Gesprächen mit Miteigentümern können Sie eventuell sich anbahnende Konflikte, im positiven sowie im negativen Sinn, heraushören.

Die Kellerbesichtigung

Besichtigen Sie auf jeden Fall den Keller. Man kann vom Zustand des Kellers sehr gut auf den Gesamtzustand der Liegenschaft schließen. Erscheint zum Beispiel die technische Ausstattung des Kellers nicht gewartet, lässt dies den Rückschluss zu, dass vermutlich die gesamte technische Infrastruktur der Liegenschaft renovierungsbedürftig ist.

Die Wasserversorgungsinnenanlage

Ihr erster Blick sollte dem Wasserzähler gelten: Zu finden ist dieser in der Regel an den Kelleraußenmauern, zumeist in einem unversperrten Abteil.

Ganz wichtig: Verschwindet nach dem Wassermesser die Wasserleitung im Erdreich, ist mit ganz hoher Wahrscheinlichkeit davon auszugehen, dass es sich dabei um eine alte Bleileitung handelt. Tatsache ist, dass seit dem Jahr 2012 neue Grenzwerte in Kraft sind. Gemäß den Normen der EU sind maximal zehn ppm Blei pro Million (zehn Partikel per Million) möglich. Anders ausgedrückt: In einer Million Teile Wasser dürfen maximal zehn Teile Blei gefunden werden.

Eine alte Bleileitung ist nicht unbedingt ein Indiz für hohe Bleiwerte. Falls die Bleileitung im Großen und Ganzen unversehrt ist, kann die Bleibelastung sehr gering sein, weil das schädliche Blei erst dann austreten kann, wenn eine Leitung aufgeschnitten wird (was bei jedem Wasserrohrbruch der Fall ist!). Solange die alte Bleileitung aber intakt ist, wird sie durch natürliche Ablagerungen im Inneren des Wasserrohres geschützt.

Die Absperreinrichtungen

Bei den Wasserleitungen sollten Sie an den strategisch wichtigen Stellen die Abzweigungen entdecken, welche die jeweiligen Steigleitungen des Hauses mit Wasser versorgen. Es stellt sich in diesem Zusammenhang auch die Frage, ob die Absperrventile gewartet sind. Wenn sie ordentlich aussehen und optisch den Eindruck erwecken, dass die Absperrung möglich ist, können Sie davon ausgehen, dass dies auch der Fall ist.

Prüfen Sie auch, ob die Steigleitungsstränge beschriftet sind. Sind sie es nicht, ist es bei einem Wasserrohrbruch unmöglich zu beurteilen, welchen Strang man absperren muss, um einen weiteren Wasseraustritt zu verhindern. Leicht erkennbar sollte auch sein, wann der betreffende Strang das letzte Mal abgesperrt wurde.

Abb. 9: Wasser-Absperrventil

Eingerostete Ventile sind ein sicheres Zeichen dafür, dass ein Abdrehen des Steigstranges gar nicht mehr möglich ist. In einer gepflegten Liegenschaft sind auch die Steigleitungsstränge (siehe oben) beschriftet, damit im Notfall sofort erkennbar ist, wo das Wasser punktuell abgedreht werden kann.

Leicht erkennbar ist auch, ob die Wasserleitungen isoliert sind oder nicht. Egal, ob nun die Wasserleitungen aus Eisen, Kunststoff oder Blei hergestellt sind, mit einem geschulten Blick erkennen Sie, ob ein Pflegerückstau (Fachausdruck für notwendige Verbesserungen Erneuerungen) vorhanden ist.

Die Wasserleitung als Erdung

Seit der Jahrtausendwende ist die Wasserleitung als Erdung weggefallen. Seitens der Wasserwerke gab es aber eine Übergangsfrist bis zum Jahr 2007. Bis dahin konnte man die Wasserleitung als Erdung mitbenützen. Seither ist es verboten, sowohl die Wohnungserdung als auch die Hauserdung an der Wasserleitung zu befestigen. Erkennbar ist dieser heute nicht mehr genehmigte Zustand daran, dass ein zumeist gelbgrünes Kabel mittels einer Schelle an der Wasserleitung befestigt ist.

Korrekt ist die Erdung, wenn ein Tiefenerder (zumeist 4,5 Meter lang) geschlagen wurde. Es handelt sich dabei um einen Stift, der ins Erdreich getrieben wird. An diesen wird dann die Erdung des Hauses angeschlossen. Für den Fall, dass das Schlagen eines 4,5 Meter langen Stiftes nicht möglich ist, besteht auch die Möglichkeit, drei jeweils 1,5 Meter lange Tiefenerderstäbe zu setzen. Diese sollten im Keller oder an der Außenseite der Liegenschaft auffindbar sein. Ein Blick darauf zeigt Ihnen, ob die Liegenschaft hinsichtlich der Stromversorgung gut gewartet ist.

Abb. 10: Tiefenerder

Die Gassteigleitung

Ähnliches gilt für die Hausgasleitung. Die Übergabestelle befindet sich meistens im Bereich der straßenseitigen Kellermauer. Betrachten Sie das Gewinde bei der Übergabestelle. Finden Sie dort Rostflecken, ist das möglicherweise ein Hinweis darauf, dass die Gassteigleitung bald auszutauschen ist. Eine neue Steigleitung erkennen Sie zumeist an ihrem satten gelben Anstrich.

Ausflug in die Geschichte der Gasversorgung

Ursprünglich wurde in den Bundeshauptstädten Stadtgas, eine Mischung aus Kohle-, Generator- und Wassergas, verwendet. Dieses war ein feuchtes Gas. Wasserdampf wurde mitgeliefert. Die Feuchtigkeit kam aus der Erzeugung und wurde in das Gasnetz mit eingespeist. Der Nachteil war, dass die Gasleitungen mit einem Gefälle ausgeführt werden mussten, da sich durch Temperaturschwankungen und den Gaswasserdampf Kondenswasser im Inneren der Leitungen bildete. Das sich diese kondensierte Feuchtigkeit in den Leitungen absetzte, war das Gefälle notwendig. Falls extrem große (besser lange) Leitungen bzw. Leitungen ohne Gefälle verlegt wurden, wurden Wassersäcke montiert. Diese hatten die Aufgabe, das Kondenswasser zu sammeln; waren sie voll, mussten sie entleert werden.

Kurz bevor die Versorgung mit Stadtgas eingestellt wurde, gab es noch eine besondere Ausführung des Wassersacks – einen selbst festschließenden. Dieser war zumeist vor den Zählern montiert. War er voll (mit Wasser bzw. Wasserdampf), schloss er automatisch die Gaszufuhr. So konnte der Endverbraucher problemlos erkennen, dass Handlungsbedarf gegeben war. Zu Beginn der Siebzigerjahre wurde es notwendig, von Stadtgas auf Erdgas umzustellen, was bis in die Achtzigerjahre dauerte.

Vorteile von Erdgas sind, dass eine wesentlich geringere Leitungsdimension notwendig ist, weil der Druck höher ist und die die Heizwerte wesentlich besser sind.

Nach der Umstellung auf Erdgas wurde allerdings kein Wasserdampf mehr mitgeliefert. Die Folge ist, dass bei den alten geschraubten Gasleitungen die Hanfverbindungen in den Schraubstöcken austrocknen und die Leitungen undicht werden. Laut Gaswerk gibt es (allein) in Wien noch rund 15.000 Fünf-

Liter-Kleinwasserheizer, die ohne Gasabzug montiert sind und mit großer Sicherheit an einer solchen alten geschraubten Gasleitung angeschlossen sind. Diese „Kleinwassererhitzer“ sind ein klassisches Wiener „Relikt“.

Heutige Vorschriften

Eine Hausgassteigleitung muss mehrere Absperreinrichtungen haben. Diese finden sich gleich bei der Übergabestelle der Hausgasleitung – im Keller und weiters sowohl bei den Steigsträngen als auch bei den Sektionshähnen, die das Abtrennen jeder Wohnung bzw. von Stockwerken ermöglichen.

Wenn Sie nun Ihre Wohnung umbauen und der Gasmesser innerhalb der Wohnung situiert wird, muss ein derartiger Absperrhahn außerhalb der Wohnung geschaffen werden. Bei neuen Anlagen, in denen alle Gaszähler öffentlich zugänglich sind, verzichtet das Gaswerk auf derartige Einzelabsperrhähne. Es ist dann nur noch ein Hauptabsperrhahn im Keller notwendig. Damit ist das Gefahrenpotenzial von undichten Leitungen minimiert.

Sperrmüll

Sehen Sie sich alle Kellergänge an. Befindet sich auf den allgemeinen Flächen sehr viel Sperrmüll, ist das ein Indiz dafür, dass zumindest einige Bewohner an der Entsorgung ihres Mülls nicht interessiert sind. Betrachten Sie auch die Kellerabteile: Sind diese eindeutig beschriftet? Sind alle Abteile abgesperrt? Befindet sich in einigen offenen Abteilen Gerümpel?

Den meisten Hausverwaltern ist bewusst, dass trotz intensivster Kontrolle nicht zu verhindern ist, dass ein ausziehender Bewohner „Souvenirs“ hinterlässt. Der Hausverwalter oder Hausbesorger kann gar nicht so schnell reagieren, da er den scheidenden Mieter wohl kaum auf frischer Tat ertappt. Sie werden aber selbst feststellen, dass Sie nach einigen Besichtigungen ein Gefühl dafür bekommen, ob ein Keller gepflegt ist oder nicht.

Wenn Sie einen Pflegerückstau feststellen, sollte das allein noch lange kein Grund sein, dass Sie Ihre Traumimmobilie nicht mieten bzw. kaufen. Diese Information soll lediglich ein weiteres Puzzleteil darstellen. Das gesamte Puzzle stellt dann Ihre Entscheidungsgrundlage dar, welchem Objekt Sie den Vorzug geben.

Das Stiegenhaus

Auch das Stiegenhaus kann Ihnen vieles mitteilen.

Von Laien bedienbare Sicherungsverteiler

Besorgen Sie sich einen 61005-Schlüssel (= E-Zähler-Schlüssel). Sie bekommen diesen in jedem Haushaltsgeschäft. Damit können Sie die Stromverteilerkästen im Stiegenhaus öffnen. Nach der Berührungsschutzverordnung sind Stiegenhausverteiler gegen laienbedienbare Kästen auszutauschen. Erkennbar sind diese daran, dass Sie keine Kabel, Stromschienen etc. sehen können, sondern lediglich kleine herausschraubbare Sicherungen.

Abb. 11: Laienbedienbarer Sicherungsverteiler

Abb. 12: Stromverteiler

Diese Kunststoffverteiler haben Seitenwände und Rückwand aus Kunststoff, keine Metallbestandteile mehr. Diese laienbedienbaren Sicherungsverteiler gewährleisten, dass stromführende Teile nicht mehr berührt werden können.

Sollte der Umbau auf laienbedienbare Sicherungsverteiler bereits erfolgt sein, ist das ein weiteres Indiz dafür, dass die Haussteigleitungen in einem Zuge verstärkt wurden. In diesem Fall sollte es kein Problem geben, wenn Sie in Ihrer Wohnung den Gasherd gegen einen Elektroherd tauschen wollen. Ein Elektriker kann die Gegebenheiten mit einem kurzen Anruf klären.

Die Stiegenhausfenster

Achten Sie auf die Stiegenhausfenster. Wie immer gibt es zwei Möglichkeiten: Sie schließen perfekt – in diesem Fall ist alles in Ordnung! Oder aber sie erwecken einen renovierungsbedürftigen Eindruck – dann besteht (möglicherweise schon in naher Zukunft) Handlungsbedarf.

Auch der Gesamtzustand der Fenster lässt weitere Schlussfolgerungen zu: Kümmert sich die Eigentümergemeinschaft bzw. der Vermieter um die Liegenschaft oder nicht? Interessiert den Hausverwalter der Zustand der Hoffenster?

Es kann schon sein, dass die Gemeinschaft den Hausverwalter angewiesen hat, so wenig wie möglich zu investieren. Aber auch diese Information ist für Sie wertvoll. Damit ist klargestellt, dass die Mehrheit der Eigentümergemeinschaft nur die allernotwendigsten Investitionen durchführen will.

Für den zukünftigen Mieter ist das ein Hinweis, dass sein Vermieter bei notwendigen Investitionen wohl nicht allzu großzügig an die Sache herangehen wird. In beiden Fällen (Miete oder Kauf) kann die Ursache natürlich auch die sein, dass schlicht das notwendige Geld fehlt.

Brandschutz

Ein wichtiges Thema in der Liegenschaft. Vor allem wenn das Dachgeschoss ausgebaut wurde, besteht die Behörde auf Brandschutzmaßnahmen. Diese können von Brandschutztüren (welche im Brandfalle automatisch schließen) bis hin zu Fluchtwegs-Beleuchtung reichen.

Fakt ist aber, dass hier oft trotz (mehr oder weniger) klarer Vorschriften die Behörde Auflagen erlässt, die von Liegenschaft zu Liegenschaft verschieden sein können. Fragen Sie am besten beim Hausverwalter nach, ob und wenn ja welche Vorschriften bestehen.

ÖNORM B 1300

Eigentümer von Wohngebäuden tragen eine besondere Verantwortung für die Sicherheit und Gesundheit der Personen in diesem Gebäude und haben daher sicherzustellen, dass keine Gefahr für die Sicherheit der Personen von der Liegenschaft ausgeht.

Gemäß der ÖNORM B 1300 „Objektsicherheitsprüfungen für Wohngebäude – Regelmäßige Prüfroutinen im Rahmen von Sichtkontrollen und zerstörungsfreien Begutachtungen; Grundlagen und Checklisten“ ist Folgendes zu überprüfen:

- Technische Objektsicherheit – zur Aufrechterhaltung einer ordnungsgemäßen und sicheren Gebäudesubstanz.
- Gefahrenvermeidung und Brandschutz – sowohl vorbeugend als auch unmittelbar
- Gesundheits- und Umweltschutz – zur Bewahrung gesunder und im Einklang mit Regelungen des Umweltschutzes stehender (Lebens- und Arbeits-)Bedingungen.
- Einbruchsschutz und Schutz vor Außengefahren – im Zusammenhang mit Einbruchs- und Zutrittsschutz, Zivilschutz und dem Schutz vor Naturgefahren.

Objektsicherheitsprüfungen gemäß den ÖNORMEN B 1300 und B 1301 dürfen nur von qualifizierten und dazu befugten Personen durchgeführt werden. Diese Kontrollen sind regelmäßig durchzuführen.

Hauszentralheizung

Sollte Ihre zukünftige Wohnung mit einer hausinternen Zentralheizungsanlage wärmeversorgt werden, hat dies Vor- und Nachteile.

Einerseits fallen die notwendigen Servicearbeiten am Durchlauferhitzer weg, ebenso wenig brauchen Sie allfällige Kosten für den möglichen Austausch der Therme zu kalkulieren.

Andererseits sind Sie von den Wärmelieferanten des Hauses abhängig. Handelt es sich hierbei um eine Hauszentralheizung, bei welcher im Keller des Gebäudes ein Heizkessel, sei es mit Öl- oder Gasfeuerung, untergebracht ist, müssen Sie sich unter Umständen betreffend die Wärmeversorgung den vorhandenen Gepflogenheiten anpassen. Manche Mieter oder Eigentümer eines solcherart zentral beheizten Hauses wünschen, dass die Zentralheizung so spät wie möglich eingeschaltet wird, um Kosten zu sparen. Falls Sie nun bereits bei einer Raumtemperatur von 21 Grad frösteln, kann das unangenehme Folgen für Sie haben. Auch der andere Fall, dass die Hausgemeinschaft vereinbart hat, bereits an den ersten kühleren Herbsttagen die Heizanlage anzuwerfen, sollte hinterfragt werden: Hier erwarten Sie auf jeden Fall höhere Heizkosten – entsprechend Ihrem Anteil am Haus. Die jüngere Vergangenheit hat gezeigt, dass auch ein Anschluss an Fernwärme die Nutzer nicht von allen Problemen befreit.

In diesem Zusammenhang stellt sich die wichtige Frage, ob die Kosten der Zentralheizung individuell geregelt und abgerechnet werden können. Auch wenn Sie Sparwillen zeigen, wird sich dieser möglicherweise nur im geringen Ausmaß auf die monatlichen Zahlungen auswirken.

Sollte die Wohnungseigentümergemeinschaft den Umstieg auf Fernwärme planen, sind folgende Punkte zu beachten: Zu klären ist, ob die Liegenschaft überhaupt in der Nähe der öffentlichen Versorgung der Fernwärme liegt – wenn nicht, wird die Umrüstung schwierig und sehr teuer.

Auch sollten Sie informiert sein, dass für den Fall der Umrüstung (Öl und/oder Gas) die Baupolizei die fachgerechte Stilllegung und Entsorgung des Öltanks/der Heizanlage verlangt. Die Kosten dafür sind oft nicht vorhersehbar.

Eine ältere Zentralheizung

Wenn es sich bei einer Wohnung um ein Objekt z.B. aus den Achtzigerjahren handelt, beachten Sie Folgendes: Vermitteln die Heizkörper auch dieses Flair, hinterfragen Sie beim Hausverwalter, ob regelmäßig Erhebungen betreffend die Wasserqualität in der Zentralheizungsanlage durchgeführt werden. Ansonsten ist zu befürchten, dass Bakterien- und/oder Schlammbildung sehr bald größere Ausgaben notwendig machen, an welchen Sie anteilig die Kosten zu tragen haben.

Die vergangenen Jahre waren turbulent wie schon lange nicht mehr: Von der Pandemie mit den durch sie verursachten Versorgungsschwierigkeiten (Lieferkettenengpässe), die sich auch mit Preissteigerungen am Bausektor bemerkbar gemacht haben, bis hin zum Ukraine-Krieg mit allen seinen auch wirtschaftlichen Folgeerscheinungen.

Dazu kommen in der EU bzw. natürlich auch in Österreich neue Bestimmungen betreffend Klimaziele:

Im aktuellen Regierungsprogramm ist festgelegt, dass die CO_2-Emissionen gesenkt werden müssen, damit Österreich bis 2040 klimaneutral ist. Dafür wurden Zeitpläne erstellt.

Zahlreiche Probleme haben sich natürlich auch deswegen verschärft, weil Österreich sein Erdgas hauptsächlich aus Russland bezieht/bezogen hat.

Angesichts der hohen Gaspreise machen sich viele Haus- und Wohnungseigentümer Gedanken darüber, wie ein Haus eben (versorgungssicher und kostenstabil) in der Zukunft beheizt werden kann.

Fakt ist aber, dass Sie beim Kauf Ihres Eigentumsobjektes jedenfalls nachfragen sollten, was der aktuelle Stand der Dinge bzw. die Wünsche der Wohnungseigentümergemeinschaft sind.

Abb. 13: Älterer Heizkörper

Die Liftanlage

Zunächst stellt sich die Frage: Ist im Haus überhaupt ein Lift oder ein Aufzug eingebaut?

Der Aufzug

Die ursprüngliche Bezeichnung eines „Fahrstuhls" war „Aufzug". Sehr vereinfacht dargestellt wird bei dieser Ausführung der Fahrkorb durch den Motor in die Höhe gezogen. Der Fahrgast steigt aus, die Kabine schwebt mehr oder weniger durch das Eigengewicht wieder in das Erdgeschoss hinunter. Ein „Mitfahren" ist verboten, oft gar nicht möglich oder gefährlich.

Viele derartige Anlagen sind zum Überlastungsschutz mit einem lastabhängigen Fußboden ausgestattet, der erfolgreich verhindert, dass eine belastete Abwärtsfahrt durchgeführt wird. Das System ist so ausgelegt, dass die Kabine durch ihr Eigengewicht problemlos abwärtsfährt und im Erdgeschossbereich durch den Motor bzw. das Getriebe gebremst wird. Findet bei einer derartigen Anlage eine belastete Abwärtsfahrt statt, leidet das Getriebe und wird bald zu erneuern sein.

Der Lift

Der Lift, die neuere Anlage, unterscheidet sich vom Aufzug in der Bauweise: Hier läuft über eine Rolle an einem Seil auf der einen Seite die Kabine, auf der anderen das Gegengewicht. Der Motor, vielmehr die Steuerung, stellt nun die Kabine in dem jeweils gewünschten Stockwerk ab.

Es liegt daher auf der Hand, dass beim Umbau einer älteren Aufzugsanlage in eine neue Liftanlage eine Neuerrichtung des Fahrstuhls erforderlich ist.

Technische Vorschriften

Dass es sich bei dieser Art der Beförderung um eine der sichersten handelt, kommt nicht von ungefähr: Quartalsmäßige Wartungen, Verordnungen und technische Verbesserungen sind an der Tagesordnung.

Das Telefon

Der gute alte Hausbesorger mit Anwesenheitsverpflichtung hat ausgedient: Stand der Dinge ist, dass eine derartige Personenbeförderungsanlage mit einem Notruftelefon ausgestattet sein muss. Am anderen Ende der Leitung muss eine 24-Stunden-Hotline erreichbar sein. Ob es sich hierbei um die – kostenpflichtige – Service-Nummer der Liftfirma oder um eine Überwachungsfirma, die diese Dienste anbietet, handelt, ist meistens eine Kostenfrage!

Die Innentüren

Die neueste Novelle des Wiener Aufzugsgesetzes (WAZG) besagt, dass die Liftkabinen selbstschließende Innentüren haben müssen. Damit soll vermieden werden, dass sich Personen in dem Spalt zwischen der Außenlifttüre und dem Fahrkorb einklemmen und Quetschungen erleiden.

Der Gesetzgeber hat Übergangsfristen vorgesehen: Je nachdem, wann die Liftanlage erbaut wurde (z.B. Anlagen, die zwischen 1984 bis 1990 errichtet wurden, waren bis spätestens 2010 umzurüsten), ist dieses Sicherheitsmerkmal (selbstschließende Innentüre) einzubauen.

Als zukünftiger (Wohnungseigentümer) sollten Sie Folgendes bedenken: Der Einbau von Innentüren geht Hand in Hand mit der Erneuerung der Steuerung sowie dem Umbau der gesamten Liftkabine, da neue Innentüren in der Regel nicht in einen bestehenden Fahrkorb eingebaut werden können. Die Kosten dieser Umrüstung (mindestens 25.000 Euro pro Anlage) sollten Sie bei Ihrer Finanzplanung einkalkulieren.

In den anderen Bundesländern gelten bislang noch unterschiedliche Bestimmungen, in Wien sollten mittlerweile alle Anlagen umgerüstet sein.

Exkurs: Die Bauausführung von Decken und Dächern

Mauern

Zumeist wird die Aufmauerung aus künstlichen Steinen hergestellt, vor allem Ziegelsteinen aus gebranntem Ton. Die aktuell übliche Stärke des Mauerwerkes beträgt zwischen 38 und 50 Zentimetern.

Die Ziegel sind häufig mit Luftlöchern ausgestattet, die als Isolation wirken. Verwendet werden können auch noch Betonsteine (Stichwort: Leca-Hohlblocksteine – diese bestehen aus gebrannten Tonkugeln) oder Gasbetonsteine, im Volksmund auch Ytong-Steine genannt. Letztere haben eine sehr gute Wärme- und Kälteisolierung und können auch geklebt werden.

Innenwände

Die Innenwände können aus Ziegeln errichtet sein, aber auch Holz- oder Metallkonstruktionen (Gipskartonwände) sind möglich. Ebenfalls denkbar sind sogenannte Anwurfwände – darunter versteht man, dass der Putz auf ein Drahtgeflecht oder ein Ziegeldrahtgewebe aufgetragen wird.

Decken

Bei Kellergeschossen sind Massivdecken zwingend erforderlich. In älteren Häusern (Gründerzeit-Liegenschaften) sind sie als Gewölbedecken ausgefertigt, in neueren Objekten werden Stahlbetonplatten oder Fertigteildecken verlegt.

Die klassischen Zwischendecken in Altbauten sind sogenannte Dippelbalkendecken. Eng aneinander liegende Holzbalken werden mit Dübeln verbunden; darauf wird eine Beschüttung aufgebracht und auf dieser der eigentliche Fußboden verlegt.

Das Dach

Grundsätzlich unterscheidet man zwei Dacharten: das Kalt- und das Warmdach.

Beim Kaltdach gibt es über der Decke des letzten Geschosses einen kalten belüfteten Dachraum, über den der aus dem Gebäudeinneren diffundierende Wasserdampf ohne Kondenswasserniederschlag nach außen entweichen kann. Bei dieser Variante ist eine gute Wärmeisolierung der obersten Geschossdecke notwendig.

Bei einem Warmdach wird an der letzten Geschossdecke eine Dampfsperre angebracht, die die Berührung des Kondenswassers mit der kalten Schicht verhindert; damit kann kein Wasserdampf in die Materialien eindringen; da sie bei der Innendämmung von Außenwänden oder Dächern auf der dem Raum zugewandten Seite angebracht wird, kann das Eindringen des im warmen Hausinneren entstehenden Wasserdampfes in die Dämmung unterbunden werden. Als nächste Schicht wird eine Wärmedämmung angebracht und darauf, nach einer eventuellen Ausgleichsschicht, die Feuchtigkeitsisolierung.

In der Regel werden Warmdächer bei Flachdächern oder flachgeneigten Pultdächern verwendet. Die häufigsten Dachformen sind Flachdächer, Pultdächer, Sattel- und Giebeldächer. Die wohl üblichste Dachkonstruktion ist die eines einfachen Sparrendaches (siehe im Folgenden).

Dach – der nachträgliche Ausbau

Das Dach ist die obere Begrenzung eines Gebäudes und soll die darin lebenden Menschen vor Umwelteinflüssen wie Niederschlag, Sonneneinstrahlung, Wärmeverlust etc. schützen. Die architektonische Gestaltung des Daches ist besonders wichtig) bei der Einpassung des Gebäudes in die Umgebung und natürlich auch von den individuellen Bebauungsvorschriften abhängig.

Der Statiker entwickelt das Tragwerk des Daches, bei Holzdachstühlen auch häufig der Zimmerer, gedeckt und abgedichtet wird das Dach vom Dachdecker.

Das Dach besteht grundsätzlich aus einem Dachtragwerk und einer Dachhaut. Unterbrechungen oder Durchdringungen der Dachhaut bezeichnet man als Dachöffnungen, es handelt sich dabei vor allem um Dachfenster und Dachgauben.

Unter Dachgeschossausbau versteht man die Nutzungsänderung des Dachbodens zu Wohnzwecken.

Dachböden, die früher in älteren städtischen Miethäusern regelmäßig zum Trocknen der Wäsche verwendet wurden, bleiben heute in vielen Fällen ungenützt. Da vor allem in den Gründerzeitvierteln großer Städte Wohnraum knapp und teuer ist, gibt es zahlreiche Programme zur Umwandlung dieser ungenützten, aber wertvollen Flächen.

Die Dachneigung ist der Winkel zwischen Dach und horizontaler Linie des Hauses; der Grad wird in Prozent angegeben. Vom Grad der Dachneigung ist wiederum abhängig, welches Dachdeckungsmaterial zu verwenden ist, um zu verhindern, dass Wasser in die Unterkonstruktion eindringt. Es gilt daher: Je flacher das Dach, desto dichter die Eindeckung.

Zur Ableitung von Regenwasser benötigt man bei schrägen Dächern Hängerinnen oder Regenabfallrohre, bei Flachdächern Abwässereinläufe. Dafür werden grundsätzlich folgende Materialien verwendet: verzinktes Eisenblech, Zinkblech, Kupfer oder Aluminium.

Bei der Konstruktion von Dächern/Dachstühlen wird unterschieden zwischen Sparrendach und Pfettendach unterschieden.

Das Sparrendach, das einen freien Dachraum ohne Stützen bietet, ist nur bis zu einer gewissen Länge und Breite des Hauses einsetzbar. Zwei Sparren, die sich im First gegenseitig abstützen, werden mit einem Deckenbalken zu einem Dreieck verbunden. Das Kehlbalkendach ist ein Sparrendach mit einem waagrechten Balken, der die Sparren gegenseitig abstützt, weshalb auch größere Gebäude mit einem solchen Dachstuhl ausgestattet werden können.

Ein Pfettendach hingegen kann über jedem Grundriss – egal wie groß – errichtet werden. Die Sparren stützten sich nicht gegenseitig, sondern liegen auf dem Längsbalken, der nach unten die Lastenverteilung weitergibt.

Kapitel 5:

Jetzt wird es ernst – Sie wollen die Immobilie haben

Nach vielem Wenn und Aber haben Sie sich nun entschlossen, die gegenständliche Wohnung zu kaufen oder zu mieten. Es ist daher notwendig, ein Mietanbot oder ein Kaufanbot zu unterzeichnen.

Das Anbot informiert den Verkäufer bzw. Vermieter, dass Sie das gegenständliche Objekt zu den darin festgehaltenen Konditionen kaufen bzw. mieten wollen. Übersehen Sie dabei nicht, dass ein zwischengeschalteter Makler, der das Anbot annimmt, oft gar keine Kompetenz hat, Zusagen zu treffen. Letztendlich entscheidet der Liegenschaftseigentümer oder der Verwalter darüber, wer die Wohnung bekommt. Mit Abgabe des Anbotes ist es daher noch keineswegs sicher, dass Sie die Wohnung auch tatsächlich bekommen.

Es könnte sein, dass sich der Vermieter/Verkäufer für einen anderen Interessenten entscheiden, Sie könnten Mängel entdecken und daher das Objekt doch nicht beziehen wollen … Haben Sie Ihr Mietverhältnis vorzeitig gekündigt, stehen Sie erheblich unter Druck, eine geeignete Wohnung zu finden – was, wie Sie bereits wissen, nie von Vorteil bei der Entscheidungsfindung ist. Daher sollten Sie, auch wenn es möglicherweise für ein paar Monate eine Mehrbelastung darstellt, erst den alten Vertrag kündigen Sie erst, wenn Sie die geeignete Wohnung gefunden haben und sicher sind, dass alle Vertragsprobleme in den Griff zu bekommen sind.

Alle Informationen, die Ihnen der Makler über die Immobilie gibt, sollten Sie sich schriftlich bestätigen lassen. Es liegt uns fern, den Eindruck zu vermitteln, Makler agierten unseriös, aber leider kommt es immer wieder vor, dass Makler nicht ausreichend informiert sind und sich manches nur aufgrund ihrer eigenen Erfahrungen und Marktorientierung zusammenreimen. Eine kurze Notiz auf dem auszufüllenden Anbot stellt sicher, dass es im Nachhinein zu keinen Auffassungsunterschieden kommt.

TIPP

Um Missverständnisse zu vermeiden, hinterfragen Sie alles, was Ihnen nicht eindeutig und klar erscheint.

Das Mietanbot

Die Eckpunkte

Im Mietanbot sollten die wichtigsten Eckpunkte der angebotenen Wohnung angeführt sein:

- die genaue Anschrift und topografische Bezeichnung der Wohnung,
- der genaue Brutto- bzw. Nettomietzins,
- sonstige Nebenkosten und deren Höhe (Kaution, eventuelle Ablöse, sonstige Zahlungen wie unverhandelbare Kosten für Fernwärme etc.),
- ob der Vertrag befristet oder unbefristet abgeschlossen wird,
- in welchem Zustand die Wohnung übergeben wird,
- welches Inventar in der Wohnung verbleibt, und
- weitere für Sie wichtige Vereinbarungen, z.B. betreffend Tierhaltung oder das Kellerabteil. Im Mietanbot müssen auch andere Informationen wie zum Beispiel über Ihre Rücktrittsrechte, der Geschäftssitz der Maklerfirma enthalten sein. Der Makler ist verpflichtet, Ihnen eine Kopie des unterfertigten Mietanbotes zu überreichen, und er muss Sie über Ihre Rücktrittsrechte belehren.

Sie sollten ein Mietanbot erst dann unterfertigen, wenn Sie wirklich überzeugt sind, dass Sie die Wohnung mieten wollen.

Sie sind aber ebenso gefordert: Heute ist es bereits Standard, dass Sie (mehr oder weniger) alle Auskünfte zu Ihrer Person, betreffend den Eigentümer, mit Abgabe des Mietangebotes zur Verfügung stellen müssen.

Da es dazu keinen „Leitfaden“ gibt, können hier nur Eckdaten angeführt werden: Eine Kopie Ihres Ausweises, ein aktueller Meldezettel, Gehaltsnachweise der letzten Monate und allenfalls Aufenthaltsbestätigungen sind aktuell die geforderten Dokumente. Jedenfalls könnte der Vermieter auch individuelle Daten (z.B. Vormietverhältnisse) von Ihnen verlangen. Das ist – wie oben ausgeführt – eine individuelle Abmachung zwischen den Beteiligten.

Vor der Unterfertigung des Mietanbotes erkundigen Sie sich nach dem weiteren Procedere. Ein seriöser Geschäftspartner wird Ihnen vermutlich folgende Auskunft erteilen: Nach Unterfertigung des Mietanbotes legt er eben dieses dem Eigentümer bzw. dem Vermieter oder der Hausverwaltung vor und erhofft bzw. erwartet dessen Zustimmung innerhalb von einem Werktag. Wenn die Zustimmung des Eigentümers vorliegt, erhält der Hausverwalter den Auftrag, einen Vertragsentwurf zu erstellen. Dieser ist Ihnen zur Kenntnis zu bringen. Auch sollten Sie ausreichend Zeit haben, den Vertragsentwurf in Ruhe zu studieren.

Sie sollten weiters alle Vertragsbestandteile, die Sie auch im Zuge des Vertragsabschlusses zu unterfertigen haben, übermittelt bekommen; die Ausrede, die Inventarliste und die Liftvereinbarung würden später nachgeliefert, gilt nicht!

Wenn Sie dann den Mietvertragsentwurf in Händen haben und dieser nicht von den Angaben im Mietanbot abweicht, ist es an der Zeit, einen Termin für den Vertragsabschluss bei der Hausverwaltung bzw. Hausinhabung zu fixieren. Dazu wird es wohl notwendig sein, dass Sie die vereinbarten Geldbeträge (zumeist: Kaution und manchmal auch die „erste Miete") mitbringen. Im Gegenzug sollten Sie bei Unterfertigung des Mietvertrages die Schlüssel Ihrer neuen Wohnung überreicht bekommen.

Der Vertragsabschluss selbst ist dann reine Formsache. Oft ist es ein Wunsch der Eigentümer, ihre zukünftigen Mieter vor Vertragsabschluss kennenzulernen. Diese Treffen sehen wir nur positiv für alle Seiten. Sie lernen so Ihren Vertragspartner kennen und können abschätzen, wie dieser im Falle von Problemen reagieren wird.

Wenn Ihnen Ihr Makler das oben beschriebene Procedere als nächste Schritte skizziert, sind Sie Ihrer Traumimmobilie einen großen Schritt näher gekommen.

Sollte der Mietvertragsabschluss, also die Unterfertigung des Mietvertrages, durch den Makler erfolgen, lassen Sie sich seine Bevollmächtigung zeigen! In der Regel unterschreiben Sie beim Hausverwalter oder direkt beim Eigentümer die Papiere.

Ein praktischer Vorschlag

Oft ist auch folgende Vorgangsweise möglich: Nachdem Sie den Mietvertragsentwurf bekommen haben und mit diesem grundsätzlich einverstanden sind, kann, wie ja bereits ausgeführt, der Vertragstermin vereinbart werden. Zu diesem erscheinen häufig einige Parteien – Hausverwalter, Hauseigentümer, Sie als Interessent:in, Ihr:e Lebensgefährt:in, der Makler etc. Terminvereinbarungen gestalten sich in diesen Fällen oft schwierig. Fragen Sie daher nach, ob Sie gegen Hinterlegung der Kaution zumindest ein paar Schlüssel ausgefolgt bekommen. Sie haben so vor Vertragsabschluss noch die Möglichkeit, allfällige Mängel in Ruhe festzustellen, um diese beim Vertragsabschlusstermin zu besprechen.

Wichtig in diesem Zusammenhang: Mietverträge bedürfen grundsätzlich der Schriftform. Sämtliche hier besprochenen Vorvereinbarungen sind bis zu einem gewissen Grad bindend (je nachdem, ob Ihnen der Beweis gelingt, dass Sie eine verbindliche – mündliche – Vereinbarung hatten), rechtsverbindlich aber erst dann, wenn sie im von beiden Seiten unterfertigten Mietvertrag festgehalten sind. Wenn Sie daher zu viele Mängel vor Vertragsabschluss bekannt geben, besteht durchaus die unerfreuliche Möglichkeit, dass der Vermieter die Unterschrift verweigert. Natürlich kann in diesem Fall über Schadenersatz nachgedacht werden. Ob diese Vorgangsweise Sie Ihrem Ziel, der Traumwohnung, näher bringt, ist aber zu bezweifeln.

Die Praxis des Mietanbots – der befristete Vertrag

Es soll schon vorgekommen sein, dass der Makler von einem unbefristeten Vertrag gesprochen hat, in Ihrem Vertragsentwurf aber nun eine Befristung vorgesehen ist. Dieser Punkt stellt eine wesentliche Änderung der Vertragsbedingungen dar. In einem solchen Fall haben Sie gute Chancen, vom Vertrag zurückzutreten. Bedenken Sie aber, ob eine Befristung wirklich ein Hemmnis für Sie darstellt. Möglicherweise haben Sie hier die Chance, eine günstigere Miete zu vereinbaren.

Die Historie der Entwicklungen des Mietrechtes zeigt, dass das Thema Befristungen immer „wild umkämpft" war. Ursprünglich gab es nur Verträge auf ein (!) Jahr oder eben unbefristete Mietverhältnisse. Damit ergab sich die schwierige Situation, dass der neue Mieter sofort nach Abschluss des Mietvertrags den Wunsch deponierte, eine andere Wohnung mit unbefristeter Mietdauer zu bekommen.

Der Gesetzgeber hat dies erkannt und die Befristungen sukzessive von einem auf drei und dann auf zehn Jahre erhöht. Zum jetzigen Zeitpunkt sind Befristungen auf beliebige Dauer möglich. Früher war nach Ablauf eines befristeten Vertrages der Abschluss mit den gleichen Vertragspartnern zu gleichen oder ähnlichen Konditionen nicht möglich – sogenannte „Kettenverträge" waren verboten. Derzeit kann ein Mietvertrag beliebig oft verlängert werden, wobei jede Verlängerung über eine Mindestdauer von drei Jahren zu laufen hat.

Die Befristungen waren immer ein wesentlicher Diskussionspunkt der Regierungsparteien. Auch gibt es Signale, dass das Mietrecht grundlegend geändert werden sollte. Ob und wann das umgesetzt werden könnte, ist völlig offen. Seien Sie also wachsam, beobachten Sie den Markt und die aktuellen Entwicklungen.

TIPP

Bei einem befristeten Mietverhältnis besteht die Möglichkeit zur Überprüfung des Mietzinses sogar noch ein halbes Jahr nach Mietende! Wenn Sie also zu viel bezahlt haben sollten, bekommen Sie die Beträge samt Zinsen zurückerstattet!

Dazu ist es notwendig, dass Sie den Zustand der Wohnung genau festhalten, am besten mit aussagekräftigen Fotos. Ein Sachverständiger, der vom Gericht bestimmt wird, ermittelt schließlich den „wahren" Mietzins. Jener Teil, der über diesem Wert liegt, muss für die gesamte Mietdauer zurückbezahlt werden.

Die Kaution

Eine Mietwohnung wird kaum ohne die Bedingung einer Kautionszahlung angeboten. Der Vermieter kann zwischen ein und sechs Monatsmieten als Kautionserlag verlangen. Wohlgemerkt: In diesem Fall wird von einer Bruttomonatsmiete gesprochen.

In ganz besonderen Fällen, wenn Sie z.B. eine Wohnung mit echten Antiquitäten anmieten wollen, kann der Vermieter auch eine höhere Kaution verlangen (da hier auch die mitvermieteten Gegenstände einen erheblichen Wert darstellen).

Die Übergabe der Kaution kann auf mehrere Arten erfolgen: Zumeist wird diese bar im Zuge des Vertragsabschlusses übergeben; möglich ist auch eine Bankgarantie.

Zu akzeptieren ist auch, dass Sie die Kaution bereits im Vorhinein auf ein Konto des Eigentümers zur Einzahlung bringen. Bedenken Sie jedoch in diesem Fall, dass der Vertrag zustande kommen muss. Tut er das nicht, müssen Sie die bereits bezahlte Kaution zurückverlangen. Seien Sie sich des Risikos bewusst, dass hier der Vermieter möglicherweise Schadenersatzansprüche gegen Sie geltend machen wird, damit er Teile der Kaution behalten kann.

In den meisten Fällen akzeptieren Vermieter lediglich Bargeld. Wie bereits ausgeführt: Der Vertrag kommt grundsätzlich erst dann zustande, wenn die schriftliche Mietvertragsurkunde unterfertigt ist. Sollte, aus welchen Gründen auch immer, der Vertragsabschluss scheitern, müssen Sie sich nicht um die Kautionsrückzahlung kümmern, außer Sie haben diese bereits im Vorfeld überwiesen

Die Bezahlung der Kaution mittels Übergabe einer Bankgarantie wirkt im ersten Moment beeindruckend. Sie sollten aber wissen, dass die Bankinstitute üblicherweise derartige Bankgarantien nur befristet (auf ein bis zwei, maximal drei Jahre) ausstellen. Es kann und wird passieren, dass Ihre Hausbank für jede Verlängerung der Bankgarantie Geld verlangt. Hier gilt es abzuwägen, ob der Zinsgewinn die Kosten der Bankgarantie ausgleichen kann.

Die Übergabe von Sparbüchern ist heutzutage nicht mehr üblich und auch in der Praxis schwierig: Der Vermieter kann nicht gesichert, ohne mit dem Sparbuch auf die Bank zu gehen, feststellen, ob er auch tatsächlich über das Geld verfügen kann. Bei neuen Sparbüchern ist der Vermerk *Behebung nur mit Losungswort* nicht mehr vorhanden bzw. kann das Sparbuch auch (im Hintergrund) auf eine Person lauten, welche dann ausschließlich Behebungen durchführen kann.

Welche Kosten kommen auf den Mieter noch zu?

- Die Kaution: Diese beträgt in der Regel zwischen drei und sechs Bruttomonatsmieten.
- Die Vergebührung des Mietvertrages: Seit einigen Jahren ist diese Bestimmung abgeschafft, lediglich bei Geschäftsobjekten ist der Mietvertrag noch finanziell zu vergebühren.
- Die erste Monatsmiete: Wenn der Vertrag knapp vor dem Mietvertragsbeginn abgeschlossen wird, kann es durchaus sein, dass der Hausverwalter gleich die erste Miete kassieren wird. Im Vertrag ist nämlich meistens ver-

einbart, dass die Bezahlung des Mietzinses bereits am Ersten des Monats fällig ist.

- Die Kosten der Errichtung des Mietvertrages – also die Vertragserrichtungskosten – richten sich nach der Vereinbarung im Rahmen der Tarifordnung des jeweiligen Urkundenerrichters.
- Allfällige Möbel- oder Investitionsablösen.
- Bei Geschäftsverträgen ist auch (so ein Makler tätig wird) eine Provision zu bezahlen

Kaufanbot

Wenn Sie ein Objekt eingehend besichtigt, die Vor- und Nachteile dieses Objektes abgewogen haben und die Finanzierung gesichert ist, werden Sie vom Makler ein Kaufanbot vorgelegt bekommen, welches Sie nach genauer Prüfung unterzeichnen werden oder auch nicht.

Nach § 861 ABGB (Allgemeines bürgerliches Gesetzbuch) kommt ein Vertrag durch die Annahme eines Angebotes zustande. Der genaue Wortlaut:

„So lange die Unterhandlungen dauern, und das Versprechen noch nicht gemacht, oder weder zum voraus, noch nachher angenommen ist, entsteht kein Vertrag."

Vereinbaren Sie daher, wie lange Sie mit dem Kaufanbot im Wort bleiben!

Was muss in einem Kaufanbot festgehalten werden?

- Genaue Objektbezeichnung – neben der Adresse sollten auch die Grundbuchdaten aufscheinen,
- genaue Beschreibung des Objektes,
- mögliches Inventar,
- mögliches Zubehör (Keller, Garage etc.),
- Größe des Objektes,
- Grundgröße (bei Kauf eines Einzelobjektes),
- gesamter Kaufpreis,
- eventuelle Übernahme von laufenden Darlehensverträgen,
- Vertragserrichter (Notar oder Anwalt),
- Aufgliederung der Nebenkosten,
- Aufgliederung der Maklerkosten,

- wenn Sie auf eine Finanzierung angewiesen sind: vorbehaltlich Finanzierung durch die **eigene** Hausbank
- getroffene Vereinbarungen etc.,
- Zeitpunkt der Übergabe der Immobilie,
- Ob, und wenn ja, wie viel Anzahlung zu leisten ist.

Achten Sie darauf, dass im Kaufanbot unbedingt folgende Formulierung steht: „Vorbehaltlich Finanzierung durch die **eigene** Hausbank!" Wenn nur vereinbart wird „Vorbehaltlich Finanzierung", kann es passieren, dass Ihnen der Makler oder Verkäufer eine Finanzierung bei einer ihm vertrauten Bank unterbreitet, der Sie dann zustimmen müssen, egal, ob Sie sich die monatlichen Raten leisten können oder nicht!

Kapitel 6:

Der Mietvertrag

Wenn Sie eine Mietwohnung gefunden haben und sich mit dem Vermieter über die Konditionen geeinigt haben, benötigen Sie nur noch einen Mietvertrag. Worauf Sie hierbei sowie bei der Übergabe der Wohnung achten müssen, erfahren Sie in diesem Kapitel.

Der Inhalt des Mietvertrags (oder auch Bestandvertrags) ist die befristete oder unbefristete Überlassung des Gebrauchs einer unverbrauchbaren Sache gegen Entgelt.

Lesen Sie den Mietvertrag vor Unterzeichnung in aller Ruhe durch. Es handelt sich um ein Dokument, daher müssen alle Daten ihre Richtigkeit haben. In der Regel wird man Ihnen ein Formular vorlegen, in das die erforderlichen Daten eingetragen werden. Unter anderem ist wesentlich, dass die von Ihnen monatlich zu zahlenden Gelder genau aufgeschlüsselt werden.

Der Mietvertrag sollte alle Punkte enthalten, die Sie im Mietanbot ausgehandelt haben. Finden Sie wirklich wesentliche Abweichungen, können Sie kostenfrei zurücktreten.

Bedenken Sie jedoch, dass Sie, wenn Sie diesen Vertrag nicht unterschreiben, Ihre Wohnungssuche wieder bei null beginnen; sind die Vertragsänderungen für Sie dennoch akzeptabel und stellen für Sie keinen (oder keinen gravierenden) finanziellen oder ideellen Wert dar, sollten Sie vor einer Vertragsunterzeichnung nicht zurückschrecken.

Inventarliste

Die Inventarliste dokumentiert die übergebenen und überlassenen Inventargegenstände.

Legen Sie besonderes Augenmerk auf die übergebene Inventarliste: Es gibt leider keine Vorschriften, was sie mindestens enthalten sollte. Manche Vermieter inventarisieren nicht einmal die notwendigen Ausstattungsgegenstände wie Herd und Spüle, andere führen sogar die genaue Anzahl der Fliesenreihen an.

Wenn Sie also Gegenstände aus einer Mietwohnung entfernen möchten, welche in der Inventarliste angeführt sind, halten Sie dies bei Mietvertragsabschluss fest oder lassen Sie sich im Nachhinein bestätigen, dass Ihr Vermieter mit der Entfernung der Gegenstände einverstanden ist. Der Vermieter kann Ihnen diese Zustimmung verweigern – in diesem Fall werden Sie wohl bis zum Mietende die ungeliebten Fahrnisse irgendwo lagern müssen, um Sie dem Vermieter bei Mietende unversehrt übergeben zu können.

Es kann Folgendes passieren: Sie besichtigen die Wohnung; in dieser befinden sich einige für Sie völlig wertlose Möbel. Der Makler teilt Ihnen mündlich mit, dass Sie über diese frei verfügen können. Mit anderen Worten: Entweder Sie benützen die übergebenen Möbel oder Sie entsorgen sie. Jedenfalls haben Sie die Information bekommen, dass Sie die alleinige Disposition über diese Gegenstände haben. In der Inventarliste werden nun diese für Sie wertlosen und mitunter unerwünschten Gegenstände inventarisiert. Nachdem Sie eingezogen sind, beschließen Sie, diese Gegenstände zu entsorgen. Ganz zu schweigen vom Zeitaufwand entstehen Ihnen auch Kosten für die Entsorgung. Nach Beendigung des Mietverhältnisses übernimmt der Vermieter die Wohnung, er hat auch eine Kopie des Mietvertrages samt Inventarliste dabei. In dieser sind unter anderem die von Ihnen im guten Glauben und gegen gutes Geld entsorgten Möbelstücke angeführt. Der Vermieter verlangt nun mit Recht die überlassenen Gegenstände zurück. Ihre Ausführungen, dass Ihnen ja seinerzeit mündlich mitgeteilt wurde, dass Sie dieses Inventar bei „Nicht-Gefallen" entsorgen könnten, nützen Ihnen nichts.

Der Vermieter kann in diesem Fall Teile der Kaution einbehalten.

Viel folgenschwerer ist diese Situation bei Einbauküchen. Sie mieten zum Beispiel eine Wohnung mit einer Küche, die circa zehn Jahre alt ist. Diese Küche ist nicht Ihre Traumküche, jedoch für die ersten Jahre durchaus ausreichend. Das Küchenmobiliar ist genau inventarisiert. Sie finden in der Inventarliste folgende Formulierungen: „L-förmige Küchenzeile, bestehend aus fünf Unterbauschränken, durchgehender Arbeitsplatte sowie fünf Hängekästchen, dazwischen eine Wandstreifenverfliesung, Dunstabzugshaube, ein Hochschrank samt eingebautem Kühlschrank usw." Nach ein paar Jahren beschließen Sie, die Küche gegen ein neues Modell auszutauschen. Nach zähen Verhandlungen mit diversen Küchenstudios erhalten Sie ein gutes Angebot für eine hochwertige Markenküche. Zu diesem Zeitpunkt denken Sie allerdings nicht an die damalige Vereinbarung denken Sie nicht.

Das Problem zeichnet sich bereits ab: Sie beenden das Mietverhältnis, der Vermieter erscheint mit der Inventarliste der Küche und besteht auf der Rückgabe seines Küchenmobiliars.

Vor diesem Gespräch haben Sie noch erwartet, dass Sie eine geringe Ablöse für die viel schönere, teurere und modernere Küche erhalten, nach diesem Gespräch mit dem Vermieter werden Sie froh sein, ohne großen finanziellen Schaden aussteigen zu können.

Im besten Fall erinnern Sie sich vor dem Umbau der Küche an Ihre Inventarliste und lassen sich vom Vermieter bestätigen, dass er mit dem Austausch der Kücheneinrichtung einverstanden ist. Falls Sie dies verabsäumen oder vergessen, seien Sie darauf gefasst, dass es beim Auszug zu Diskussionen kommen wird.

TIPP

Bevor Sie ausziehen: Vergleichen Sie den Inhalt der Wohnung genau mit der übergebenen Inventarliste.

Ähnliches gilt, wenn Sie mit dem Vermieter besprechen, dass Sie im verwinkelten Vorzimmer einen Einbaukasten nach Maß montieren möchten. Vor bzw. zu Beginn des Mietverhältnisses herrscht noch große Zufriedenheit und Übereinstimmung. Der Vermieter teilt ihnen mündlich mit, dass er bereit ist, die Kosten des geplanten Vorzimmereinbaukastens bei Auszug abzüglich Amortisation abzulösen. Voller Freude beauftragen Sie einen Tischler mit der Anfertigung des Möbelstückes.

Auch hier gilt: In der Inventarliste scheint kein Einbaumöbel im Vorzimmer auf. Wenn Sie nun das Mietverhältnis beenden, hat der Vermieter grundsätzlich das Recht, die Wohnung gemäß Inventarliste zurückzubekommen. Er kann also verlangen, dass Sie den Einbaukasten abmontieren. Lassen Sie sich daher, wenn Sie Sie teure Möbel einbauen wollen, vom Vermieter möglichst schriftlich bestätigen, dass er damit einverstanden ist und Ihnen gegebenenfalls den Zeitwert bei Auszug ersetzen wird.

Es gibt aber auch gute News zum Thema Inventar:

Die Bestimmungen wurden per 2015 geändert:

„Bei Wohnungsmietverträgen, die dem Teilanwendungsbereich des § 1 Abs. 4 MRG unterliegen, kann die Erhaltungspflicht des Vermieters nach § 1096 Abs. 1 ABGB durch vertragliche Vereinbarungen nicht ausgeschlossen oder eingeschränkt

werden, soweit es sich um die Erhaltung einer mitvermieteten Heiztherme, eines mitvermieteten Warmwasserboilers oder eines sonstigen mitvermieteten Wärmebereitungsgeräts in der Wohnung handelt."

Das heißt mit einfachen Worten, dass der Vermieter im Fall, dass die Heiztherme kaputt wird, grundsätzlich verpflichtet ist, diese auf seine Kosten zu erneuern, wenn die Wohnung seinerzeit mit diesem Ausstattungsmerkmal an Sie vermietet wurde.

Aber Achtung: Ein Wärmebereitungsgerät kann auch eine Kaffeemaschine sein, wenn diese bei Mietbeginn in der Wohnung war!

Unklare Formulierungen im Mietvertrag

HINWEIS

Der Vertragspartner, der die Mietvertragsurkunde erstellt, darf keine unklaren Formulierungen verwenden. Tut er es dennoch, werden diese Unklarheiten zulasten des Vertragsverfassers ausgelegt!

Sollte z.B. Ihr Vermieter in der Vertragsurkunde folgende Formulierung verwendet haben, stehen Ihre Karten im Vertragspoker um eine eventuelle Verlängerung oder beim Übergang in ein unbefristetes Mietverhältnis (so Sie dies wünschen) recht gut: „*Vereinbart wird, dass das Mietverhältnis, wenn die Mietzinszahlungen pünktlich erfolgen, nach Ablauf der vereinbarten Vertragsdauer um drei Jahre verlängert wird.*" Hierbei handelt es sich um keine klare Äußerung, das Mietende ist nicht eindeutig festgehalten und in der Regel richten sich unklare Formulierungen gegen den Vertragserrichter (Vermieter).

Die korrekte Formulierung sollte zum Beispiel lauten: „*Das Mietverhältnis beginnt am 1. Jänner 2022 und endet, ohne dass es einer Kündigung bedarf, am 31. Dezember 2027.*"

Wer unterschreibt überhaupt den Mietvertrag?

Ein weiterer wichtiger Punkt ist, wer denn überhaupt als Mietvertragspartner in der Urkunde aufscheint. Sie alleine? Oder unterschreiben Sie gemeinsam mit Ihrem/Ihrer Lebensgefährt:in oder den Mitbewohnern?

Die optimale Lösung dieser Frage kann nicht geboten werden, denn jede Variante birgt Vor- und Nachteile.

Gehen Sie alleine das Mietverhältnis ein, sind Sie auch der alleinige Ansprechpartner und haften für falsches Verhalten Ihrer Mitbewohner. Wenn zum Beispiel ein Mitbewohner sein Fahrrad, ohne eine Erlaubnis zu besitzen, im allgemeinen Teil des Hauses abstellt, wird der Verwalter/Eigentümer Sie auffordern, diesen Mangel zu beheben. Ihre Ausrede *„Das ist nicht mein Rad"* nützt hier nichts – Sie sind für Ihre Mitbewohner mitverantwortlich.

In diesem Fall hat der Vermieter auch einen Nachteil: Begleichen Sie Ihre Miete nicht regelmäßig, ist das Haftungspotenzial kleiner. Sollte sich dagegen als Mietpartner eine Wohngemeinschaft finden, bei der alle Mitbewohner im Mietvertrag aufgenommen werden, hat der Vermieter das Recht und die Möglichkeit, alle Mieter hinsichtlich der offenen Miete zu belangen.

Der Vertragsabschluss mit mehreren Personen hat ebenfalls Vor- und Nachteile: Der Vermieter hat ein größeres Haftungspotenzial, weil er, wie bereits ausgeführt, auf mehrere (alle) säumigen Mieter zugreifen kann. Sollte aber einer Ihrer Mitmieter aus der Wohngemeinschaft ausziehen, ist eine Drei-Parteien-Einigung notwendig. Es muss eine Änderungsvereinbarung zur Mieturkunde unterschrieben werden. In dieser ist festzuhalten, dass der ausscheidende Mieter das Mietobjekt verlässt und keinerlei Mietrechte mehr hat. Die verbleibenden Mieter übernehmen nun alle Rechte und Pflichten des ausgeschiedenen Mieters. Auch der Hauseigentümer bzw. sein Stellvertreter, der Hausverwalter, muss diesem Vorgang zustimmen.

Zu regeln ist hier auch, was mit der gemeinsam bezahlten Kaution passiert. Wenn gutes Einvernehmen herrscht, ist das sicherlich kein Problem. Andernfalls besteht der scheidende Mieter darauf, seine anteilige Kaution zurückerstattet zu bekommen. Der Dritte im Bunde, der Vermieter, wird aber nicht bereit sein, Teile der Kaution zurückzuzahlen – so werden wohl die verbleibenden Mitbewohner den Anteil des scheidenden aufbringen müssen.

Ein weiterer Nachteil dieser Mietervielfalt: Fühlen Sie sich als Mieter grob benachteiligt und möchten Sie daher Anträge betreffend die Erhaltung des Mietgegenstandes gegen den Vermieter stellen oder Mietzinsherabsetzungsanträge durchführen, ist es notwendig, dass alle im Mietvertrag angeführten Mietparteien an einem Strang ziehen. Sollte ein Mieter Ihrer Wohngemeinschaft nicht mehr im Objekt wohnen, ist es durchaus vorstellbar, dass Sie von ihm keine Unterschrift auf Anträge bekommen, weil er verständlicherweise kein Interesse an einer gerichtlichen Auseinandersetzung hat.

Gleiches gilt jedoch auch für den Vermieter: Für den Fall, dass er Ihnen eine Kündigung oder Ähnliches ins Haus senden möchte, ist er verpflichtet, diese an jeden Mieter laut Mietvertragsurkunde zuzustellen. Falls nun ein Mieter bereits die Wohnung mit unbekanntem Aufenthaltsort verlassen hat, ist dieses schwer durchführbar sein.

Wie werden die Mietkosten einer klassischen Hauptmietwohnung bestimmt?

Grundsätzlich können verschiedene Vertragsvereinbarungen getroffen werden, abhängig davon, welche Wohnung Sie anmieten.

Man unterscheidet zwischen:

- frei vereinbarten Mieten,
- angemessenen Mietzinsen sowie dem
- Richtwertmietzins.

Sehr vereinfacht ausgedrückt unterliegen frei zu vereinbarende Mietzinse (Einfamilienhäuser, Neubauten etc.) überhaupt keinen Beschränkungen.

Beim Vertragsmuster mit angemessenem Mietzins handelt es sich grundsätzlich um Wohnungen mit über 130 Quadratmetern. Falls Sie eine klassische Mietwohnung – z.B. einen Altbau mit weniger als 130 Quadratmetern – anmieten wollen, werden Sie mit großer Wahrscheinlichkeit einen Vertrag nach dem Richtwertsystem erhalten.

Richtwertsystem

Das Richtwertsystem, das 1994 eingeführt wurde, soll es Konsumenten ermöglichen, den Mietzins rasch anhand von Tabellen zu vergleichen, um auch als Laie feststellen zu können, ob der Mietzins so ermittelt wurde, wie es das Gesetz vorgegeben hat.

Die Grundlage dieses Systems bildet eine mietrechtliche Normwohnung. Das ist eine Wohnung mit einer Nutzfläche zwischen 30 und 130 Quadratmetern in brauchbarem Zustand. Diese besteht aus zumindest einem Zimmer, einer Küche oder Kochnische, einem Vorraum, einem Klosett und einer zeitgemäßen Badegelegenheit. Sie verfügt über eine Etagenheizung oder eine gleichwertige andere Heizmöglichkeit und befindet sich in einem Gebäude mit ordnungsgemäßem Erhaltungszustand in einer durchschnittlichen Lage.

Der grundlegende Richtwertmietzins wird für jedes Bundesland zumeist im März bzw. April eines jeden Jahres veröffentlicht. In Wien beträgt er derzeit 6,67 Euro pro Quadratmeter (z.B. im Burgenland 6,09 Euro, in Salzburg 9,22 Euro, in Vorarlberg 10,25 Euro (Stand Februar 2024).

Dieser Wert stellt den Ausgangswert (von Bundesland zu Bundesland verschieden) dar und ist je nachdem, ob die Wohnung besser oder schlechter als die Normwohnung ausgestattet ist, mit Zu- oder Abschlägen zu versehen.

Folgende Kriterien rechtfertigen zum Beispiel Zuschläge bzw. Abschläge:

- die Stockwerkslage,
- die Lage innerhalb des Stockwerkes,
- über- oder unterdurchschnittliche Ausstattung der Wohnung (z.B. gute/schlechte Grundrissgestaltung, keine Etagenheizung),
- Garagen, Aufzugsanlagen, gemeinsame Wärmeversorgungsanlagen etc.

Bei der Beurteilung der Stockwerkslage gibt es große Unterschiede:

- Wohnungen, die im Keller oder Souterrain liegen, erhalten einen **Abschlag** von bis zu 30 oder 40 Prozent.
- Bei Wohnungen, die im Parterre oder Hochparterre liegen, erfolgt ein Abschlag von fünf bis zehn Prozent. Für Wohnungen ab dem zweiten Stockwerk, die nur ohne Lift erreichbar sind, gibt es zumindest einen Abschlag von 2,5 Prozent pro Stockwerk.
- Bei der Lage innerhalb eines Stockwerkes ist zu berücksichtigen, ob es sich um eine Straßen- oder eine Nordlage handelt oder sich die Wohnung über einer offenen Durchfahrt befindet – hier sind Abschläge bis zu 20 Prozent denkbar.
- Sollte Ihre Wohnung eine Südlage oder einen Fernblick aufweisen, sind Zuschläge von maximal 20 Prozent vorstellbar.
- Eine Wohnung in einem Haus mit wenigen Wohnungen oder in einem palaisartigen Gebäude könnte auch Zuschläge von bis zu 20 Prozent zur Folge haben.

- Außerordentliche Nachteile, wie zum Beispiel eine Diskothek im Haus, können auch Abschläge bis zu 20 Prozent rechtfertigen.
- Sollten Sie eine Terrassenwohnung finden, müssen Sie mit einem Zuschlag von bis zu 25 Prozent rechnen.

Die Preisunterschiede hängen auch von der über- bzw. unterdurchschnittlichen Ausstattung einer Wohnung ab.

- So rechtfertigt ein Klopfbalkon einen Zuschlag von bis zu zwei Prozent, ein Balkon, ein Erker oder eine Terrasse einen Zuschlag bis zu zehn Prozent.
- Ein fehlendes Kellerabteil ist mit einem Abschlag von ca. 2,5 Prozent zu bewerten, ein überdurchschnittlich ausgestattetes Kellerabteil hingegen mit einem Zuschlag von rund fünf Prozent.
- Sollte ein Hausgarten vorhanden sein, den Sie mitbenützen dürfen und für den Sie kein Entgelt zu bezahlen haben, könnte ein Zuschlag von bis zu 50 Prozent zum Richtwert verlangt werden.
- Die Benützung eines Autoabstellplatzes kann, sofern kein gesondertes Entgelt vereinbart wurde, den **Mietzins** um bis zu 20 Prozent erhöhen.
- Ein Schwimmbad im Freien oder gar in einer beheizten Halle, für das Sie keine extra Kosten zu bezahlen haben, rechtfertigt Mietzinserhöhungen von bis zu 60 Prozent.

Sollte Ihre Wohnung eine besonders gute bzw. schlechte Ausstattung vorweisen, kann sich dies wie folgt auf den Mietzins auswirken:

- Ein weiteres Bad oder eine weitere Dusche kann eine Erhöhung des Mietzinses um bis zu zehn Prozent rechtfertigen.
- Befinden sich hingegen das Badezimmer und die Toilette in einem Raum, kann das zu einem Abschlag von 2,5 Prozent führen.
- Eine Gangküche kann einen Abschlag von bis zu fünf Prozent rechtfertigen.
- Sollte Ihre Wohnung eine Terrasse im Erdgeschoss haben, wird sich dies mit bis zu 20 Prozent mehr Miete auswirken, eine Terrasse im Obergeschoss kann einen Mietzuschlag von rund 35 Prozent bewirken.

Aus diesen Ausführungen ist leicht erkennbar, dass es für einen Laien nur sehr schwer möglich ist, den verlangten Richtwertmietzins nachzurechnen.

Die Kaution beim Mietvertrag

Die Einhebung einer Kaution ist sowohl bei befristeten als auch bei unbefristeten Verträgen möglich. Eine Kaution dient nicht nur zur Sicherstellung des Mietzinses, sondern wird in der Regel auch für allfällige Schäden, welche nach Auszug des Mieters in einer Wohnung behoben werden müssen, verwendet. Viele Vermieter heben eine Kaution ein, um allfällige Rechtsanwaltskosten, die entstehen, wenn der Mieter keine Mietzinszahlungen leistet, decken zu können. Dazu ist anzumerken, dass es nach dem derzeitigen Rechtssystem durchaus passieren kann, dass ein Mieter, der alle „Tricks", die ihm das Gesetz bietet, kennt, bis zu einem Jahr keine Miete bezahlt und dennoch die Wohnung nützt. Ebenso sei angemerkt, dass es durchaus rechtliche Möglichkeiten gibt, auch nach dem Mietende das ausständige Geld vom säumigen Mieter zu erhalten.

Zum Thema Kaution ist wichtig zu wissen, dass diese Vereinbarungen ebenso den strengen mietrechtlichen Normen unterliegen. Das Mietrecht ist ein zwingendes Recht. Auch wenn Sie Formulierungen im Mietvertrag finden, die Sie grob benachteiligen würden, könnten Sie ihn unterfertigen, da diese Vertragsteile nicht wirksam werden, wenn sie gegen zwingendes Recht verstoßen (Stichwort: Die Arbeiterkammer deckt grobe Mängel in den Mietverträgen auf, 39 Klauseln ungültig.) Eine Kautionsvereinbarung unterliegt den strengen Regeln des Konsumentenschutzes, daher können wirksame Vereinbarungen getroffen werden, an die Sie sich, ebenso wie der Vermieter, dann zu halten haben.

Tatsache ist jedoch: Der Vermieter ist grundsätzlich verpflichtet, Ihnen nach Beendigung des Mietverhältnisses die Kaution samt Zinsen zurückzuzahlen. Diese sollte „unverzüglich" an Sie übergeben werden.

Bei Bezahlung der Kaution sollten Sie neben der Bestätigung, dass Sie bezahlt haben, auch eine Kautionsvereinbarung erhalten. In dieser sollte geregelt sein, bei welchen Schäden der Vermieter Geld einbehalten darf. Sie kann auch eine Bestimmung enthalten, wie lange nach Mietende der Vermieter Zeit hat, Ihnen die Kaution zurückzuzahlen, dies entspricht aber nicht der derzeitigen Rechtslage. Eine bloße Bestätigung betreffend die Übergabe des Geldes ist nicht ausreichend – es sollte zumindest geregelt sein, unter welchen Umständen der Vermieter das Geld einbehalten kann.

Wie bekomme ich meine Kaution zurück?

Auf jeden Fall muss die beim Vermieter hinterlegte Kaution nach Mietende, sofern keine berechtigten Gegenforderungen bestehen, samt Zinsen und abzüglich KESt „unverzüglich" ausbezahlt werden. Der Gesetzgeber hat einen Eckzins normiert, andere Zinssätze können mit dem Vermieter vereinbart werden.

HINWEIS

Wenn der Vermieter bei Mietvertragsende im Zuge der Besichtigung der Wohnung vermeint, dass in dem Objekt Schäden bestünden (), welche der ehemalige Mieter zu beseitigen hätte, diesem aber trotzdem ankündigt, einen Teil der Kaution zurückzubehalten, bewegt er sich auf rechtlich unsicherem Boden; etwa wenn er konkret sagt: *„Bitte, ich behalte mir von den hinterlegten 2.000 Euro 1.000 Euro ein. Diese verwende ich für Ausbesserungsarbeiten am Parkettboden, Ausbesserungsarbeiten an der Malerei als auch an den Fliesen und zahle lediglich den Rest von 1.000 Euro aus."*

Es steht dem Vermieter grundsätzlich gemäß ABGB eine Frist von einem Jahr zu, innerhalb derer er für allfällige im Mietobjekt entstandene Schäden Ersatz (Einbehaltung der Kaution) vom ehemaligen Mieter verlangen kann. Allerdings muss er dann dem Mieter gegenüber eine **Aufrechnungserklärung** abgeben. Erfolgt das nicht schlüssig, endet der Anspruch nach Jahresfrist (beginnend mit Mietvertragsende). Daher kann der ehemalige Mieter nach Ablauf dieses Jahres völlig problemlos von seinem ehemaligen Vermieter die Ausbezahlung der Kautionssumme (des restlichen Teiles) verlangen; der Vermieter darf ihm das nicht verweigern.

Kapitel 7:

Der Wohnungseigentumsvertrag und der Nutzwert

Bevor Sie eine Wohnung kaufen, sollten Sie noch einen Blick in den Wohnungseigentumsvertrag werfen – dort erfahren Sie einiges über Ihre zukünftigen Rechte und Pflichten in der Hauseigentümergemeinschaft.

Eigentum ist das umfassende dingliche Recht (unmittelbare Recht), eine Sache in grundsätzlich unbeschränkter Herrschaft zu besitzen.

Verschiedene Formen des Eigentums

Wenn Sie zehn glückliche Eigentümer einer Eigentumswohnung fragen, ob ihnen denn ihre Wohnung gehört, wird die einhellige Antwort lauten: *Ja, das ist meine Wohnung*. Diese Aussage ist jedoch nur zum Teil richtig.

Es gibt mehrere Arten, wie Sie Eigentum an Immobilien erwerben können:

Der klassische Hausbesitzer oder Alleineigentümer

Eine Person besitzt eine Liegenschaft alleine. Die im Haus wohnenden Personen haben befristete oder unbefristete Mietverträge, zahlen Hauptmietzins und Betriebskosten. Den Hauptmietzins erhält der Zinshausbesitzer; er ist wiederum verpflichtet, Erhaltungsarbeiten, auch auf Mieterantrag, durchzuführen.

Der Hauseigentümer kann entscheiden, welche Wohnung er wie ausstattet und an wen er sie vermietet. Er kann z.B. auch bestimmen, in welcher Farbe das Stiegenhaus ausgemalt wird, ob ein Fahrradraum geschaffen wird etc. Er kann aber nicht z.B. einfach ein Fenster zubetonieren oder den Lift abschalten. Hier sind auch dem Hauseigentümer Grenzen gesetzt.

Die Hausbesitzergemeinschaft

Es können auch zwei oder mehrere Personen gemeinsam eine Liegenschaft, z.B. ein Zinshaus, besitzen. Bei dieser Variante spricht man von individuellem Eigentum bzw. schlichtem Miteigentum. Je nach den Mehrheitsverhältnissen entscheiden sie, welche Verträge abgeschlossen werden bzw. welche Investitionen durchgeführt werden.

Auch hier empfiehlt es sich, eine Vereinbarung mit den Mitbesitzern zu treffen, damit im Zweifelsfall eine gemeinschaftliche Entscheidung gefunden werden kann.

Das Mischhaus

Das Mischhaus stellt eine Sonderform dar: In der Regel leben darin noch „Altmieter", die Mietverträge haben. Einige Wohnungen sind, aus welchen

Gründen auch immer, frei geworden. Ein Investor kauft das Haus, baut das Dachgeschoss aus, begründet in weiterer Folge Wohnungseigentum und beginnt, die renovierten Wohnungen zu verkaufen.

Es liegt auf der Hand, dass sich nur schwer ein Käufer für die vermieteten Wohnungen finden wird. Zumeist ist der Ertrag sehr gering, der Kaufpreis steht in keiner Relation zu den Einnahmen. Altmieter zahlen nämlich einen Kategorie- oder EVB-(Erhaltungs- und Verbesserungsbeiträge-)Mietzins. Ein Investor behält diese nur bei Spekulationsabsicht zu verkaufende Immobilie, oftmals besitzt er damit auch Mehrheitsanteile an der Liegenschaft.

Bei einem solchen Mischhaus erfolgt die Vorschreibung der Betriebskosten grundsätzlich nach Quadratmetern. Es ist in diesem Fall möglich, dass Sie auf Ihrer Vorschreibung verschiedene Anteile (nach Quadratmetern und nach Nutzwerten) für die Betriebskosten und für die Rücklage zu bezahlen haben.

Das Wohnungseigentumshaus

Hierbei handelt es sich um eine Liegenschaft, bei der am gesamten Haus Wohnungseigentum begründet worden ist (entweder gibt es keine Altmieter mehr oder es wurde bereits bei der Errichtung Wohnungseigentum begründet).Wenn es im Wohnungseigentumsvertrag (siehe dazu unten) nicht anders geregelt ist oder es aufgrund einer einstimmigen Einigung aller Eigentümer einen anderen Verteilerschlüssel bzw. einen diesbezüglichen Gerichtsentscheid gibt, werden die anfallenden Kosten (Betriebskosten, Lift, Rücklage usw.) nach den Nutzwerten laut Grundbuch aufgeteilt.

Der Wohnungseigentumsvertrag

Das Wohnungseigentum stellt eine Sonderform des Besitzes dar: Alle Wohnungseigentümer besitzen die Liegenschaft gemeinschaftlich. Der Wohnungseigentumsvertrag regelt die Rechtsbeziehungen der Wohnungseigentümer untereinander. Vor allem räumt in diesem Vertrag jeder Miteigentümer allen anderen Miteigentümern das Recht auf die ausschließliche Nutzung einer bestimmten Wohnung oder einer sonstigen selbstständigen Räumlichkeit (z.B. Geschäftsraum oder Garage) ein.

Der Nutzer der Wohnung mit der Türnummer 17 räumt dem Nutzer der Wohnung mit Türnummer 1, dem Nutzer mit der Türnummer 2, dem Nutzer mit der Türnummer 3 usw. ausschließlich und unwiderruflich ein, dass diese Nutzer ihre Wohnungen alleine benützen dürfen.

Außerdem können in einem Wohnungseigentumsvertrag Regelungen über die Verteilung besonderer Aufwendungen, die Verwaltung oder auch die Nutzung der allgemeinen Teile der Liegenschaft getroffen werden.

Bei diesem Modell gehört die gesamte Liegenschaft somit grundsätzlich allen. Es ist also klar, dass notwendige Reparaturen an allgemeinen Flächen der Liegenschaft von der Gemeinschaft der Wohnungseigentümer zu bezahlen sind. Zu diesem Zweck bilden die Wohnungseigentümer eine Reparaturrücklage.

Mit der WEG-Novelle 2022 wurde bestimmt, dass die Wohnungseigentümergemeinschaft jedenfalls eine Mindestrücklage zu bilden hat. Aktuell müssen daher 0,90 Cent pro Quadratmeter eingehoben werden, selbstverständlich ist der Betrag indexgebunden.

Es handelt sich dabei um ein Zwangsansparsystem, damit für den Fall der Fälle Geld vorhanden ist, um notwendige Reparaturen zu bezahlen. Die Wohnungseigentümer zahlen in diese Reparaturrücklage gemäß ihren Anteilen (Nutzwerten) ein.

Inhalt des Wohnungseigentumsvertrags

Der Wohnungseigentumsvertrag sollte zumindest enthalten:

- die Namen der Vertragspartner (alle Miteigentümer bzw. Wohnungseigentumswerber),
- die Bezeichnung der Liegenschaft,
- die Bezeichnung der Wohnungseigentumsobjekte, ihr Zubehör und ihre Nutzwerte,
- die Erklärung, dass alle Miteigentümer bzw. Wohnungseigentumswerber einander wechselseitig das Wohnungseigentum einräumen,
- Nutzungsvereinbarungen für gemeinsame Teile der Liegenschaft,

- den abweichenden Aufteilungsschlüssel, falls die Aufteilung der Aufwendungen für die Liegenschaft nach einem anderen Schlüssel als dem der Nutzwertberechnung (Parifizierung) erfolgt.
- Weiters ist auch möglich: die Vereinbarung darüber, welchen Betrag pro Nutzwerteinheit die Wohnungseigentümer in die Rücklage für allfällige Erhaltungs- und Verbesserungsarbeiten am Haus einzahlen.

HINWEIS

Wenn Sie eine bereits bestehende Eigentumswohnung erwerben, müssen Sie den Wohnungseigentumsvertrag, wie er zwischen den ursprünglichen Wohnungseigentümern geschlossen wurde, grundsätzlich hinnehmen. Prüfen Sie den Wohnungseigentumsvertrag deshalb noch vor dem Kauf der Wohnung.

Die Regelungen des Wohnungseigentumsvertrages können von der Wohnungseigentümergemeinschaft zu einem späteren Zeitpunkt zumindest teilweise abgeändert werden, allerdings nur mit der Zustimmung **aller** Wohnungseigentümer.

Änderungen des Wohnungseigentumsvertrages bedürfen also der Zustimmung aller hundert Prozent der Eigentümer oder einer gerichtlichen Entscheidung.

Der Wohnungseigentumsvertrag und notwendige Investitionen

Ganz wichtig ist die Einsichtnahme in den Wohnungseigentumsvertrag in folgenden Fällen: Wenn Sie zum Beispiel bei der Objektbesichtigung festgestellt haben, dass sich die Außenfenster der Liegenschaft in einem uneinheitlichen Zustand präsentieren, kann die Ursache dafür im Wohnungseigentumsvertrag liegen. Wie bereits ausgeführt, obliegt die Erhaltung der allgemeinen Teile des Hauses der Gemeinschaft. Als allgemeine Teile sind auch die Außenfenster einer Liegenschaft anzusehen. Wenn es diesbezüglich keine Regelung im Wohnungseigentumsvertrag gibt, kommt somit die Gemeinschaft der Eigentümer für die Erhaltung der Außenfenster auf. Es kann also passieren, dass Sie sich über die neuen Fenster in dieser Wohnung freuen und daher bald den Kaufvertrag unterschreiben. Ein anderer Wohnungseigentümer (dessen Wohnung desolate Fenster hat) verlangt nun vom Verwalter, dass seine Fenster auf Kosten der Eigentümergemeinschaft saniert werden. Wenn bezüglich Fenstererhaltung im Wohnungseigentumsvertrag nichts geregelt ist, wird der Verwalter dieser Pflicht auf Kosten aller Eigentümer nachzukommen haben.

Ob Ihre Freude über die neue Wohnung noch anhält, wenn Sie erfahren, dass Sie dieKosten der Erneuerung der Fenster des Nachbarn anteilig mitzutragen haben, ist fraglich, insbesondere wenn in der Rücklage nicht die entsprechenden Gelder angespart wurden.

Auch der umgekehrte Fall kann eintreten: Sie kaufen im Wissen der obigen Ausführungen eine Wohnung mit desolaten Außenfenstern. In den Vorjahren haben die Wohnungseigentümer besprochen, dass jeder Eigentümer für die Erhaltung seiner Fenster alleine aufzukommen hat. Übersehen wurde dabei, dass diese Vereinbarung gemäß den Grundsätzen des Wohnungseigentums nicht maßgeblich war. Um eine derartige Änderung wirksam zu formulieren, wäre es nämlich notwendig gewesen, eine Änderung des Wohnungseigentumsvertrages zu erwirken oder einen wirksamen Beschluss darüber zu führen, der auch im Grundbuch angemerkt werden sollte. Wie oben bereits erwähnt, bedarf die Änderung des Wohnungseigentumsvertrages der Zustimmung aller hundert Prozent der Eigentümer. Ein Beschluss mit der Zustimmung von nur 99 Prozent, dass alle Eigentümer ihre Fenster selbst reparieren oder für den Austausch derselben selbst aufkommen müssen, ist nicht rechtsgültig!

Nun kaufen Sie die Wohnung in dem Wissen, dass im Wohnungseigentumsvertrag keine Regelungen über die Erhaltung der Fenster enthalten sind. Noch bevor Sie einziehen, fordern Sie den Verwalter (rechtmäßig) dazu auf, die Fenster zu erneuern. Seinen zaghaften Hinweis, dass es üblich ist, dass alle Wohnungseigentümer selbst für die Erneuerung ihrer Fenster aufkommen, ignorieren Sie in Kenntnis des WEG zu Recht.

Ihnen muss allerdings bewusst sein, dass Sie mit der Durchsetzung Ihres Rechtes in den Augen der anderen Eigentümer keinen gelungenen Einstand feiern.

Der nachträgliche Dachbodenausbau

Ähnliche Probleme stellen sich beim Dachbodenausbau. Wurde nachträglich ein Dachboden ausgebaut, führt dies grundsätzlich zu einer Aufwertung der Liegenschaft. Zumeist wird im Zuge eines Dachbodenausbaus auch eine Dachterrasse errichtet. Von der technischen Seite her gesehen ist das oftmals ein schwieriges Unterfangen. Die meisten Streitigkeiten sind wegen mangelnder oder schlechter Durchführung der Isolation der Dachterrasse zu verzeichnen. Allfällige Änderungen und Verbesserungen sind zumeist kostspielig und können durchaus einen sechsstelligen Eurobetrag erreichen.

Sollte nun im Wohnungseigentumsvertrag diesbezüglich keine Regelung getroffen worden sein, besteht die Besonderheit, dass alle Wohnungseigentümer für den Fall, dass das Dach oder die Dachterrasse undicht wird, dafür aufzukommen haben. Oder dramatischer formuliert: Sollte sich herausstellen, dass das Dach undicht ist, haben Sie Ihrem Anteil entsprechend aus der Reparaturrücklage die Reparatur zu bezahlen, obwohl Sie das Dach bzw. die Terrasse nicht einmal benutzen dürfen.

Freilich muss Ihnen als Käufer einer Dachterrassenwohnung bewusst sein, dass hier möglicherweise der Verkäufer den Wohnungseigentumsvertrag zu Ihren Ungunsten umgewandelt hat: Eine Vereinbarung, dass der Besitzer der Dachflächen für die Erhaltung und Reparatur sowohl der Dachterrasse als auch der Dachschrägenfenster aufzukommen hat, ist nicht unüblich. Es muss Ihnen daher klar sein, dass Sie einerseits mit der Bezahlung in den Topf der Reparaturrücklage notwendige Erhaltungsarbeiten am allgemeinen Teil des Hauses finanzieren, andererseits aber selbst für allfällige Schäden an Terrasseneindeckungen, -verfugungen, -verblechungen usw. aufzukommen haben, wenn dies im Wohnungseigentumsvertrag oder in einem Nebenvertrag mit hundertprozentiger Zustimmung aller Eigentümer vereinbart wurde.

Der Wohnungseigentumsvertrag bei laufenden Zahlungen

Wie Sie den Ausführungen entnehmen können, ist es unerlässlich, Einsicht in den Wohnungseigentumsvertrag zu nehmen. Die Kombination der Informationen aus dem Wohnungseigentumsvertrag mit den vorliegenden monatlichen Vorschreibungen sollte es Ihnen ermöglichen festzustellen, ob Sie nur für diejenigen Positionen zu zahlen haben, die Sie auch tatsächlich benützen können und dürfen.

Verlangen Sie, wenn Ihnen die monatlichen Vorschreibungsraten nicht nachvollziehbar erscheinen, Aufklärung vom Gebäudeverwalter. Auch hier gilt: Selbst wenn dass Sie „nur als möglicher Interessent" zum Kauf einer Wohnung auftreten, sollte er Ihnen trotzdem eine umfassende und kompetente Beratung geben. Besorgen Sie sich am besten eine Vollmacht des aktuellen Eigentümers. Vergessen Sie nicht: Wenn Sie einmal Eigentum in dieser Liegenschaft erworben haben, haben Sie in vielen Belangen mit dem Gebäudeverwalter zu tun – Sie sollten daher von Anfang an für eine gute Kommunikationsbasis sorgen!

Weitere Fallen im Wohnungseigentumsvertrag

Praxisfall Liftanlage: Sollte ein Wohnungseigentumsvertrag keine Regelungen zu einer bestehenden Liftanlage enthalten, könnte folgende Situation eintreten: Sie kaufen eine Wohnung im ersten Halbstock. Der Lift ist stockwerksweise versetzt – mit anderen Worten ausgedrückt: Sie können die Liftanlage nicht nutzen. Sie gehen davon aus, dass Sie keinerlei Liftkosten zu bezahlen haben. Noch dazu haben Sie festgestellt, dass der Lift nur mit Schlüssel bedienbar ist und nicht in den Keller fährt. Mit Erhalt des ersten Zahlscheines der Gebäudeverwaltung kommt nun die böse Überraschung: Sie stellen fest, dass Sie neben den zu bezahlenden Betriebskosten sowie dem Anteil an der Reparaturrücklage monatlich einen Betrag von z.B. 40 Euro an Liftkosten zu bezahlen haben.

Auch hier gilt: Sofern es keine Regelung im Wohnungseigentumsvertrag gibt, haben alle Eigentümer die Erhaltungs- und Reparaturkosten aller allgemeinen Anlagen anteilig zu tragen. Auch wenn Sie im Zuge des Kaufvertragsabschlusses den erhaltenen Liftschlüssel der Verwaltung refundieren, ändert dies an der rechtlichen Situation nichts.

Monatlich ist aufgrund der Vorschreibung des Verwalters ein bestimmter Betrag für die Liftkosten zu bezahlen. Dieser setzt sich in der Regel aus den Kosten resultierend aus dem Wartungsvertrag, den Strom- und Überprüfungskosten sowie den Kosten für den 24-stündigen Notruf usw. zusammen.

Sollten Sie beschließen, die anteiligen Liftkosten nicht mehr zu entrichten, müssten die anderen Eigentümer Ihren Anteil übernehmen. Dass sich deren Freude in Grenzen halten wird, ist müßig zu erwähnen. Vermutlich wird es

Ihnen nicht möglich sein, die anderen Miteigentümer dazu zu animieren, einer Abänderung des Wohnungseigentumsvertrages zu Ihren Gunsten zuzustimmen. Nur wenn Sie es schaffen, mit allen Eigentümern eine Vereinbarung zu schließen, dass sie bereit sind, Ihre anteiligen Kosten zu übernehmen, werden Sie aus dieser Verpflichtung, die Liftkosten mitzutragen, entlassen. Sie können diese Zustimmung auch auf dem Gerichtsweg erstreiten. Dies macht Ihr Zusammenleben mit den übrigen Wohnungseigentümern aber sicherlich nicht leichter.

Exkurs: Umlaufbeschlüsse (WEG-Novelle 1.7.2022)

Die Mehrheit der Stimmen richtet sich nach § 24 Abs 4 WEG 2002 zunächst nach der Mehrheit der Miteigentumsanteile; stimmt diese zu und hatte jeder Eigentümer die Gelegenheit, sich zum geplanten Beschluss zu äußern, kommt der Beschluss gültig zustande.

Nicht erheblich ist, ob der Beschluss in einem Schritt oder in mehreren Etappen (etwa durch eine anschließende schriftliche Beschlussfassung) zustande gekommen ist.

Bei Stimmengleichheit kann das Gericht angerufen werden. Da die Mehrheit immer auf Basis aller Miteigentumsanteile und nicht der anwesenden Eigentümer ermittelt wird, können passive Eigentümer Entscheidungsfindungen blockieren.

Vor diesem Hintergrund erlaubt § 24 Abs. 4 WEG 2002 seit 1.7.2022 eine neue Form der Beschlussfassung, bei der zwei Voraussetzungen kumulativ erfüllt sein müssen:

- Zustimmung von zwei Dritteln der abgegebenen Stimmen;
- und die Zustimmenden machen zumindest ein Drittel der Miteigentumsanteile aus.

BEISPIEL

Nehmen mehrere Eigentümer, die zusammen 35 % der Miteigentumsanteile haben, an einer Eigentümerversammlung teil und stimmen sie alle für eine bestimmte Maßnahme, so liegt nach der Rechtslage bis 30.6.2022 kein gültiger Beschluss vor; die Zustimmung der fehlenden 16 % könnte allenfalls im Wege einer nachträglichen Zustimmung (schriftlich) eingeholt werden.

Der oben geschilderte Fall hätte nach Inkrafttreten der Novelle zum WEG sehr wohl Bindungswirkung der Eigentümer, wenn dieser Beschluss erst nach dem 1.7.2022 getroffen worden wäre.

Beide Entscheidungsalternativen sind gleichwertig. Weder muss im Vorfeld festgelegt werden, welche Mehrheit angestrebt wird, noch sind mit einer Variante Nachteile verbunden.

Nach § 24 Abs. 4 WEG 2002 ist seit 1.7.2022 jedoch ausdrücklich darauf hinzuweisen, dass auch ein mehrheitliches Unterbleiben der Stimmabgabe eine wirksame Beschlussfassung nicht verhindern kann.

Monatliche Vorschreibungen

Wenn der Verwalter (bzw. die Eigentümergemeinschaft) etwa plant, größere Erhaltungs- oder Reparaturarbeiten durchführen zu lassen (z.B. Anbringung einer Wärmedämmung an der Fassade oder Reparatur des Daches, Erneuerung der Gas- oder Stromsteigleitungen), muss entsprechendes Kapital vorhanden sein.

Fragen Sie daher unbedingt vor dem Kauf Ihrer Eigentumswohnung bei der Gebäudeverwaltung nach, wie viel Geld in der Reparaturrücklage vorhanden ist (oder Ihr Verkäufer legt Ihnen die laufend zu legende Abrechnung vor).

Teilt Ihnen der Verwalter mit, er habe bis dato an Reparaturrücklage 10.000 Euro angespart und plane aber gleichzeitig, eine Investition (siehe oben) zu tätigen, ist eine genaue Information über die Art der Finanzierung unumgänglich. Hier wird es wohl notwendig sein, die Reparaturrücklage der Liegenschaft entsprechend anzuheben, was sich wiederum in Ihren monatlichen Belastungen niederschlägt.

Die Innung der Immobilien- und Vermögenstreuhänder hat für einen klassischen Altbau die Empfehlung abgegeben, dass für die ordnungsgemäße Erhaltung einer Liegenschaft zumindest 2,80 Euro pro Quadratmeter an Reparaturrücklage einzuheben sind. (Die Angabe nach Quadratmetern wurde wegen der leichteren Vergleichbarkeit gewählt, üblicherweise wird nach Anteilen vorgeschrieben.)

Es ist also festzuhalten: Hinterfragen Sie jedenfalls, ob für den Fall von Reparaturen an gemeinschaftlichen Anlagen der Liegenschaft ausreichend Geld vorhanden ist bzw. diese Reparaturen mit den laufenden monatlichen

Reparaturrücklagen-Vorschreibungen der gesamten Liegenschaft bezahlt werden können.

Grundsätzlich sollte die Reparaturrücklage gemäß den Anteilen der Wohnung an der Liegenschaft vorgeschrieben werden. Sie erkennen die Anteile im Grundbucheintrag (z.B. 150 Anteile von 1.580, somit 9,4 Prozent Anteile an der Liegenschaft). Handelt es sich bei der Liegenschaft um eine reine Eigentumswohnhausanlage und wurde nichts anderes vereinbart, muss der Gebäudeverwalter die anteiligen Betriebskosten ebenso nach anteiligen Nutzwerten vorschreiben. Auch hier lohnt sich der Blick in den entsprechenden Wohnungseigentumsvertrag. In sogenannten Mischhäusern hat der Gebäudeverwalter für diese Liegenschaft die monatlichen Vorschreibungen der Betriebskosten nach den Quadratmetern durchzuführen.

Es wäre unseriös, hier exakte Beträge anzuführen. Erfahrungswerte zeigen, dass die reinen Betriebskosten einer Liegenschaft zwischen 1,80 Euro und 2,80 Euro pro Quadratmeter anzusetzen sind. Der Fachmann versteht darunter die Kosten, die laut Mietrechtsgesetz weiterverrechnet werden können. Diese Angaben beziehen sich auf ein klassisches Zinshaus. Allfällige Kosten für einen Liftbetrieb oder eine Zentralheizungsanlage sind darin ebenso wenig enthalten wie die Beträge des persönlichen Verbrauches an Energiekosten.

Die Nutzwertfestsetzung bzw. die Parifizierung

Der Nutzwert ist eine Maßzahl und drückt das Verhältnis eines Wohnungseigentumsobjektes zu den anderen Wohnungseigentumsobjekten derselben Liegenschaft aus (z.B. 150 Anteile von 1.580, somit 9,4 Prozent Anteile an der Liegenschaft).

Wie entsteht nun im Wohnungseigentum ein Nutzwertschlüssel? Grundsätzlich erstellt ein Immobiliensachverständiger ein Nutzwertgutachten. Er besichtigt dafür zunächst eine Normwohnung der Liegenschaft, welche zumeist im ersten Stock liegt und eine durchschnittliche **Ausstattung** aufweist. Dieser Normwohnung gibt der Sachverständige den Faktor 1.

Im Nutzwertgutachten ist jenes Objekt festzuhalten, für welches der Regelnutzwert mit dem Faktor 1,00 gilt. Der Sachverständige bewertet diese Wohnung als „Ausgangswohnung", das heißt mit dieser „Normwohnung" vergleicht er alle anderen Objekte bewertet deren jeweilige Vor- und Nachteile.

Der zu bewertende Nutzwert (besser: ein Zu- oder Abschlag zum Faktor „1") wird in der Regel von folgenden Merkmalen positiv oder negativ beeinflusst:

Stockwerkslage

Eine Wohnung im unteren Wohngeschoss im unteren Niveau (zum Beispiel Wohnung im Souterrain oder Keller) wird zu einem 15- bis 30-prozentigen Abschlag führen. Eine Straßenlage kann einen Abschlag bis zu 15 Prozent nach sich ziehen.

Bei einer Hochparterrewohnung unmittelbar an der Straße ist mit ca. zehn Prozent Abschlag zu rechnen. Bei der Normwohnung im ersten Stock gibt es, wie oben ausgeführt, keinen Abschlag.

Die Nordlage bzw. eine Lage über einer Durchfahrt oder unter einem Flachdach oder einer Terrasse wird jeweils mit einem Abschlag von fünf Prozent bewertet.

Ein Reihen- oder ein Einfamilienhaus kann einen Zuschlag von zehn Prozent mit sich bringen.

Weitere Zu- und Abschläge wegen Ausstattungsunterschieden sind in folgenden Fällen möglich

Eine fehlende bzw. vorhandene Etagenheizung wäre mit minus bzw. plus zehn Prozent zu bewerten.

Ein Bade- oder Duschraum ist je nachdem, ob er zeitgemäß ist, mit plus/ minus zehn Prozent zu bewerten. Ein weiteres zusätzliches Bad rechtfertigt einen Zuschlag von fünf Prozent, eine weitere Dusche einen Zuschlag von 2,5 Prozent, ein weiteres WC im Wohnungsverband einen solchen von ca. fünf Prozent. Eine bessere oder schlechtere Ausstattung oder Grundrisslösung rechtfertigt Zu- oder Abschläge von plus/ minus zehn Prozent.

- → Schlechte Lichtverhältnisse, zum Beispiel Feuermauernähe oder enge Höfe, rechtfertigen einen Abschlag von fünf Prozent.
- → Eine Dachgeschosswohnung wird wegen der Dachschrägen mit einem Abschlag von bis zu 15 Prozent bewertet.
- → Wenn eine Wohnung eine extrem große Nutzfläche aufweist, führt dies zu einem Abschlag im Nutzwertgutachten von bis zu 20 Prozent.

- Für eine Loggia werden bis zu 50 Prozent des Nutzwertes pro Quadratmeter der betreffenden Wohnung als Zuschlag gerechnet, für eine Veranda bis zu 75 Prozent und einen voll ausgestalteten Wintergarten 100 Prozent des Nutzwertes.
- Autoabstellplätze im Freien, überdacht oder in einem Gebäude, rechtfertigen genauso Zuschläge wie Keller- oder Dachbodenabteile, welche aber als Zubehör übergeben werden müssen.

BEISPIEL

Das Haus hat drei Stockwerke, die Objekte () sind gleich groß, haben den gleichen Grundriss und liegen exakt übereinander. Im Erdgeschoss befindet sich ein Geschäftslokal, im ersten Stock die erwähnte Normwohnung, im zweiten Stock eine Wohnung, die identisch ist mit derjenigen im ersten Stock. Der Sachverständige hat nun die Wohnung im zweiten Stock zu bewerten. Als Abschlag erkennt er den weiteren Zugangsweg in den zweiten Stock, als Zuschlag nimmt er die bessere Aussicht in der oberen Wohnung. Falls noch eine Liftanlage vorhanden ist, hat er auch diesen Faktor zu bewerten. Auch bei dem Erdgeschossobjekt, welches als Geschäftslokal verwendet werden soll, führt der Sachverständige die Besichtigung durch. Hier wird er den zwei- bis dreifachen Nutzwert annehmen (wie üblich bei der Bewertung des „Nutzens" eines Geschäftslokales).

Es ergibt sich daher bei dieser fiktiven Liegenschaft folgendes Bild: Die Normwohnung im ersten Stock bekommt den Anteil 1, also 100 Nutzwerte. Die Wohnung im zweiten Stock ist vom Sachverständigen trotz besserer Aussicht etwas schlechter bewertet worden, hat daher zur Normwohnung mit dem Faktor 1 einen kleinen Abzug, bekommt also nur 95 Nutzwerte. Bei dem Geschäftsobjekt ist der Sachverständige verpflichtet, einen höheren Nutzwert als Ausgangsbasis, bedingt durch die geschäftliche Nutzung, anzunehmen. Dieses Objekt bekommt den Faktor 245. Addiert man nun alle Nutzwerte, erhält man die Ziffer 440. Es ergibt sich daher folgende Bruchzahl:

- das Geschäftslokal hat 245/440 Anteile am Nutzwert, das sind 55,68 % Anteile;
- das Objekt im Erdgeschoss hat 100/440 Anteile am Nutzwert, das sind 22,72 % Anteile;
- und das Objekt im zweiten Stock hat 95/440 Anteile am Nutzwert, das sind 21,59 % Anteile.

Der zukünftige Besitzer des Geschäftslokales hält die anteilige Mehrheit im Haus.

Gemäß diesen Anteilen am Nutzwert haben die Nutzer bzw. Eigentümer die seitens der Verwaltung vorgeschriebenen monatlichen Rücklagen und Betriebskosten zu bezahlen. Die Besonderheit ist, dass hier der Geschäftslokalbesitzer, obwohl er über eine gleich große Nutzfläche verfügt, einen unverhältnismäßig höheren Betriebskosten- und Rücklagenanteil zu bezahlen hat.

Im WEG ist vorgesehen, dass eine Nutzwertkorrektur durchgeführt werden (und auch bewilligt wird) kann, wenn sich die Ungerechtigkeit mit mehr als zwei Prozent niederschlägt. Auch müssen Sie wissen, dass die Änderung der Nutzwerte sehr aufwändig ist: Es müssen alle Eigentümer den geänderten Nutzwerten zustimmen oder ein Gericht bestätigt die neuen Werte.

Die Nutzfläche einer Wohnung

Vom Nutzwert zu unterscheiden ist die Nutzfläche.

Der Begriff der Nutzfläche hat zunehmend an Bedeutung erlangt. Sie dient als Basis für die Aufteilung von Kosten, die die dinglich oder schuldrechtlich das Gebäude nutzenden Mit- oder Wohnungseigentümer oder Mieter im weiteren Sinn zu tragen haben, und wird vorwiegend über die Mindest- oder Bodenfläche bestimmt.

Übereinstimmend mit dem Vermessungsgesetz und der Praxis ist die Nutzfläche in Quadratmetern mit zwei Dezimalstellen anzugeben. Der Gesetzgeber definiert die Nutzfläche als die gesamte Bodenfläche abzüglich der Wandstärken.

Unterschiedliche Nutzflächenbegriffe, wie Netto- oder Bruttonutzfläche, Natur- oder Planmaße, können für dasselbe Gebäude für dieselbe Wohnung zur Anwendung gelangen.

Typisch für die Heranziehung der Nutzfläche ist, dass es sich stets um die Bodenfläche handelt. Ob nun Objekte für Wohnzwecke oder eine geschäftliche, gewerbliche bzw. betriebliche Nutzung betroffen sind, ist bei der grundsätzlichen Aufteilung zu vernachlässigen.

Die Gesamtnutzfläche ist die Summe der Nutzfläche der Wohnungen und anderer Räumlichkeiten in einem Haus oder einer Baulichkeit. Die Nutzfläche im Rechtssinn ist die nutzbare Fläche eines näher umschriebenen Teiles der Bodenfläche in einem Haus. Gesondert nutzbare Räume wie Keller, Dachbodenabteile oder Autoabstellplatz werden als Zubehör einbezogen oder ausgeklammert.

Die Bruttonutzfläche ist die Fläche, die sich unter Vernachlässigung der Nutzbarkeit aus den zu ermittelnden Bodenflächen einschließlich Wandstärken, Nischen etc. ergibt. Durch angeordnete Abzüge wird die Nutzfläche zu einer Nettonutzfläche. Folgende Flächen werden grundsätzlich abgezogen:

1. Flächen, die keine Bodenfläche eines baulich abgeschlossenen Raumes sind, aber der Nutzung der Räumlichkeit dienen, wie zum Beispiel Treppen, Terrassen, offene Balkone oder Loggien.
2. Bodenflächen der Raumeinheit, die als Fläche nicht oder nur beschränkt nutzbar sind, wie Wände, Ausnehmungen oder Durchbrechungen in Wänden, Türen, Fenstern oder Wandnischen.
3. Bodenflächen von Gebäudeteilen, die als notwendige allgemeine Teile gewidmet sind und zur allgemeinen Benutzung dienen, wie Stiegenhaus oder Abstellräume.

Das Grundbuch

Das Grundbuch bietet Ihnen Einblick in alle Rechtsverhältnisse betreffend eine Liegenschaft. Ein weiteres Merkmal des Grundbuches ist, dass Sie seiner Vollständigkeit und Richtigkeit vertrauen können. Darin eingetragen ist z.B. eine Hypothek. Hier können neben Hauptforderungen auch Zinsen, Gebühren und sonstige Kosten sichergestellt werden. (Mehr zum Grundbuch siehe Anhang.)

Kapitel 8:

Der Kaufvertrag

Nachdem Sie sich mit dem Verkäufer im Wesentlichen geeinigt haben, steht dem Abschluss des Kaufvertrags und damit dem Erwerb Ihrer Traumimmobilie nichts mehr im Weg. In diesem Kapitel finden Sie Wissenswertes zum Kaufvertrag.

Der Kaufvertrag ist im Rechtsleben das häufigste Umsatzgeschäft. Es besteht im Austausch von Gegenständen gegen Geld. Die Grundform eines solchen Geschäfts war der Tausch. Der Kaufvertrag besteht aus zwei übereinstimmenden Willenserklärungen (Angebot und Annahme), durch welche sich der Verkäufer zur Übereignung und Übergabe der Kaufsache und der Käufer zur Bezahlung des Kaufpreises und zur Abnahme der Kaufsache verpflichtet.

Eine Sonderform stellt der Mietkauf dar: Hier handelt es sich um eine spezielle Vereinbarung. Dieser regelt den eher seltenen Fall, dass zuerst ein Mietvertrag über eine Sache geschlossen wird, wobei zumeist der Mieter die Möglichkeit hat, das Objekt zu festgesetzten Regeln und einem bestimmten Kaufpreis später zu erwerben.

Die Form des Kaufvertrags

Das Wesen des Kaufvertrages ist, dass eine Sache für eine bestimmte Geldsumme einem anderen überlassen wird (§ 1053 ABGB). Ein Kaufvertrag ist also ein entgeltlicher, gegenseitiger Vertrag, der in der Regel schon alleine durch die erklärte Willensübereinstimmung der beteiligten Parteien rechtswirksam zustande kommt. Grundsätzlich ist ein Kaufvertrag über unbewegliche Sachen (Liegenschaften samt Zubehör und Bestandteilen) formfrei, sofern es sich nicht um Kaufverträge zwischen Ehegatten oder einen Erbschaftskauf handelt. Nur bei der Begründung von Wohnungseigentum bedarf es einer schriftlichen Vereinbarung aller Miteigentümer.

Für die grundbücherliche Durchführung muss aber ein derartiger Vertrag unter Beachtung grundbuchrechtlicher Vorschriften abgefasst werden, das heißt in schriftlicher Form ausgefertigt und notariell beglaubigt vorliegen.

Der Notar empfiehlt sich zu diesem Zweck jedenfalls für die Erstellung der Vertragsurkunde. Er ist gemäß seinen Standespflichten unabhängig, unparteilich, weiters mit öffentlichem Glauben und Vertraulichkeit ausgestattet.

Auch übernimmt er die Treuhandschaft über den „Kaufschilling".

Das heißt aufgrund der Treuhandvereinbarung übernimmt er Vermögenswerte (Geld etc.) sowie Urkunden von den Treugebern. Er verpflichtet sich, die in der Treuhandvereinbarung festgelegten Rechtsfolgen herbeizuführen und die Bedingungen zu erfüllen. Zum Beispiel ist es bei einem Immobilienkauf gang und gäbe, dass der Käufer erst dann zahlen will (das Geld freigibt), wenn er weiß, dass er im Grundbuch steht. Der Verkäufer wird die Grundbuchseintragung erst dann vornehmen lassen, wenn er weiß, dass der Kaufpreis auch bezahlt wurde (das Geld vorhanden ist). Dazu bedienen sich der Verkäufer und der Käufer eines Notars als Treuhänder. Die praktische Durchführung ist ganz einfach: Der Käufer überweist das Geld dem Notar als Treuhänder auf ein Konto der Notariatsbank AG, dieser lässt daraufhin die Grundbuchseintragung durchführen. Erst wenn alles abgesichert ist, leitet er das Geld an den Verkäufer weiter. Schlussendlich sind alle zufrieden.

Der Inhalt des Kaufvertrags

Im Kaufvertrag sollten neben der genauen Bezeichnung des Objektes und des Preises allfällige Pflichten der Parteien, Verkäufer und Käufer sowie Treuhänderpflichten geregelt werden. Vergessen Sie nicht, allfällige Stichtage in den Kaufvertrag eintragen zu lassen. So kann grundsätzlich vereinbart werden, dass das kaufgegenständliche Objekt erst nach einer gewissen Zeit übergeben wird, da der Baufortschritt der neu zu beziehenden Liegenschaft des Verkäufers nur sehr zögerlich ist.

Der Kaufvertrag kann zudem auch Rücktrittsklauseln beinhalten. Als Rücktrittsgründe können vereinbart werden:

- die Aussicht auf steuerliche Vorteile (Abschreibmöglichkeiten für Sanierungs- oder Energiesparmaßnahmen),
- die Aussicht auf öffentliche Förderungen,
- die Aussicht auf einen Kreditvertrag.

Exkurs: Rücktrittsrecht beim Bauträgervertrag nach § 5 BTVG

Mit dem Bauträgervertragsgesetz wurden Schutzbestimmungen für die Erwerber von Rechten an erst zu errichtenden bzw. durchgreifend zu erneuernden Gebäuden, Wohnungen bzw. Geschäftsräumen geschaffen. Das Gesetz ist nur auf Bauträgerverträge anzuwenden, bei denen Vorauszahlungen von mehr als 150 Euro pro Quadratmeter Nutzfläche zu leisten sind.

Der Erwerber kann von seiner Vertragserklärung zurücktreten, wenn ihm der Bauträger nicht eine Woche vor deren Abgabe schriftlich Folgendes mitgeteilt hat:

1. Alle wesentlichen Informationen über den Vertragsinhalt;
2. wenn allfällige Rückforderungsansprüche des Erwerbers schuldrechtlich ohne Bestellung eines Treuhänders gesichert werden sollen, den vorgesehenen Wortlaut der ihm auszustellenden Sicherheit;
3. wenn die Sicherungspflicht des Bauträgers nach § 7 Abs. 6 Z 2 BTVG erfüllt werden soll, den vorgesehenen Wortlaut der Haftungserklärung der inländischen Gebietskörperschaften oder die entsprechende gesetzliche Bestimmung;
4. wenn die Sicherungspflicht nach § 7 Abs. 6 Z 3 BTVG erfüllt werden soll, den vorgesehenen Wortlaut der eine gleichwertige Sicherung gewährleistenden Vereinbarungen;
5. wenn die Sicherungspflicht nach § 7 Abs. 6 Z 4 BTVG erfüllt werden soll, den vorgesehenen Wortlaut der Vereinbarung mit dem Kreditinstitut.

HINWEIS

Gerade bei allen Arten von Verträgen (also auch Mietverträgen) werden (nahezu) laufend neue Klauseln (also schriftliche Vereinbarungen) gefunden, die beanstandet werden. Die Arbeiterkammer führt dazu immer wieder Musterprozesse, die zumeist ergeben, dass eben einzelne Bestimmungen des Bauträgervertrages für unwirksam erklärt werden. Diese (üblichen und standardisierten) Formulierungen werden dann insgesamt ungültig, das heißt: Auch wenn Sie solche Punkte in Ihrem Vertrag haben, sind sie damit ungültig geworden. Gerade in diesem Zusammenhang sollten Sie sich nicht scheuen, rechtlichen Beistand zu suchen.

Es geht darum, dass Sie das Objekt, welches der Bauträger gerade für Sie fertigstellt, so bekommen sollen, wie es vereinbart wurde.

Der Rücktritt ist binnen einer Woche zu erklären. Die Rücktrittsfrist beginnt mit dem Tag, an dem der Erwerber eine Zweitschrift oder Kopie seiner Vertragserklärung und die oben in Punkt 1 bis 5 genannten Informationen sowie eine Belehrung über das Rücktrittsrecht schriftlich erhält. Das Rücktrittsrecht erlischt jedoch spätestens einen Monat nach Abgabe der Vertragserklärung des Erwerbers.

Dieser kann darüber hinaus von seiner Vertragserklärung zurücktreten, wenn eine von den Parteien dem Vertrag zugrunde gelegte Wohnbauförderung ganz oder in erheblichem Ausmaß aus nicht bei ihm gelegenen Gründen nicht gewährt wird. Der Rücktritt ist binnen einer Woche zu erklären. Die Rücktrittsfrist beginnt, sobald der Erwerber vom Unterbleiben der Wohnbauförderung informiert wird und gleichzeitig oder nachher eine schriftliche Belehrung über das Rücktrittsrecht erhält. Das Rücktrittsrecht erlischt jedoch spätestens einen Monat nach Erhalt der Information über das Unterbleiben der Wohnbauförderung.

Der Erwerber kann den Rücktritt dem Bauträger oder dem Treuhänder gegenüber schriftlich erklären.

Gewährleistung

Die Gewährleistung ist das verschuldensunabhängige Einstehenmüssen für Mängel. Gewährleistung bedeutet, dass der Verkäufer für die vertraglich vereinbarten Eigenschaften des Kaufgegenstandes haftet.

Bei Immobilien beträgt die Gewährleistungsfrist grundsätzlich drei Jahre. Der Schadenersatz setzt ein Verschulden, Kausalität und Rechtswidrigkeit voraus und kann bei Immobilien 30 Jahre geltend gemacht werden.

Gerade bei älteren Objekten ist nur sehr schwer zu beurteilen, welche Eigenschaften gewöhnlich vorausgesetzt werden können. Sie sollten beim Kauf einer Altbauwohnung darauf bestehen, dass der Verkäufer im Kaufvertrag ausdrücklich Gewähr für folgende Eigenschaften des Hauses bzw. der Liegenschaft leistet:

- Freiheit von bücherlichen und außerbücherlichen Belastungen,
- Freiheit von Bestands- und Nutzungsrechten Dritter,
- konsensmäßiger Zustand der Wohnung und des Hauses.

Die Regelung der Gewährleistung für den Zustand der Altbauwohnung bzw. ihrer technischen Einrichtungen wird in hohem Maße vom Alter der Wohnung und der Höhe des Kaufpreises abhängen.

Der Vorvertrag

Ein Vorvertrag nach § 936 ABGB ist eine Vereinbarung, künftig einen „Hauptvertrag" zu schließen, dessen wesentliche Punkte bereits in diesem Vorvertrag festgehalten sind: Lastenfreiheit, Kaufpreis, Maklerprovision und **Befristungen**.

Wurde ein Vorvertrag geschlossen, kann man sich nur aus wichtigen Gründen weigern, den Hauptvertrag zu unterfertigen, etwa wenn im künftigen Wohnungseigentumsvertrag einem Nachbarn eine Wegedienstbarkeit eingeräumt werden soll, unter der Liegenschaft ein Kanal liegt, auf den der Verkäufer nicht hingewiesen hat, oder ein nicht verbüchertes Bestandsrecht besteht. Auch die Freiheit von Kontamination des Grundes mit Schadstoffen, etwa mit Altöl, sollte wegen der hohen Entsorgungskosten vertraglich zugesichert sein.

Wichtiger Hinweis: Eine vernünftigerweise zu beschaffende Rangordnung über die beabsichtigte Veräußerung durch den Verkäufer verhindert Mehrfachverkäufe.

Die Anmerkung der Rangordnung dient der Sicherung des bücherlichen Ranges für eine beabsichtigte Veräußerung oder Verpfändung während der Dauer eines Jahres. Das Gericht stellt einen Rangordnungsbeschluss in einfacher Ausfertigung aus. Wer diesen in Händen hat, ist dagegen abgesichert, dass ihm während dieses Jahres jemand bei der beabsichtigten Grundbuchstransaktion zuvorkommt.

Der eigentliche Kaufvertrag ist beglaubigt zu unterfertigen und hat neben den Parteien und dem Kaufpreis zumindest Titel, Modus (Kauf und Übergabe) und für das Grundbuchsgericht eine sogenannte Aufsandungserklärung zu enthalten (Unterschriften mit Tinte wurden früher statt mit Löschblatt mit Sand getrocknet).

Die Kosten im Zusammenhang mit dem Eigentumserwerb

Welche Kosten, außer der Maklergebühr und allfälligen Kreditkosten, kommen auf den Käufer einer Liegenschaft sonst noch zu?

- Grunderwerbsteuer vom Wert der Gegenleistung: 3,5 Prozent des Kaufpreises (eine Ermäßigung oder Befreiung ist in Sonderfällen möglich).
- Grundbuchseintragungsgebühr: (Eigentumsrecht) 1 Prozent desKaufpreises
- Kosten der Vertragserrichtung und der grundbücherlichen Durchführung: abhängig von der Tarifordnung des jeweiligen Urkundenerrichters ab, aber auch von der der Höhe des Kaufpreises.
- Barauslagen für Beglaubigungen und Stempelgebühren.
- Verfahrenskosten und Verwaltungsabgaben für Grundverkehrsverfahren (diese sind in den einzelnen Bundesländern sehr unterschiedlich).
- Förderungsdarlehen bei Wohnungseigentumsobjekten und Eigenheimen – Übernahme durch den Erwerber: Neben der laufenden Tilgungsrate ist eine außerordentliche Tilgung von bis zu 50 Prozent des aushaftenden Kapitals bzw. eine Verkürzung der Laufzeit möglich. Der Erwerber hat allerdings keinen Rechtsanspruch auf die Übernahme eines Förderungsdarlehens.
- Allfällige Anliegerleistungen laut Vorschreibung der Gemeinde (Aufschließungskosten und Kosten der Baureifmachung des Grundstückes) sowie Anschlussgebühren und -kosten (Wasser, Kanal, aber ebenso Strom, Gas, Fernwärme, Versicherungen und ähnliche Kosten).

Üblicherweise werden die Eintragungsgebühr und die Grunderwerbsteuer vor Unterfertigung, der Kaufpreis im Zuge der Vertragsunterfertigung auf ein Treuhandkonto bei Ihrem Notar oder Rechtsanwalt erlegt. Die Vertragserrichtungskosten werden ebenso beim Vertragsabschluss entrichtet.

Vergessen Sie auch nicht auf den Stichtag, an dem die Immobilie auch buchhalterisch in Ihren Besitz übergeht. Vermeiden Sie damit unnötige Auseinandersetzungen, die entstehen können, wenn sich aus der Betriebskostenabrechnung ein negativer Saldo ergibt und weder Sie noch der Verkäufer für die Nachzahlung aufkommen wollen.

Der Hausverwalter ist gemäß seinen Verwalterpflichten mit der Einbringung des Saldos beauftragt. Hier sind Konflikte (das hat noch der Vorbesitzer zu bezahlen) quasi vorprogrammiert!

Verwendung von Vertragsmustern

Sinn eines jeden Vertrags ist es, das Rechte- und Pflichtenverhältnis der Vertragsparteien untereinander bestimmt und übersichtlich zu regeln, damit sich allenfalls entstehende Konflikte durch die Bestimmungen des Vertrags eindeutig lösen lassen.

Es ist daher erforderlich, dass der Vertragsverfasser den Vertrag entsprechend der konkreten Situation und den Wünschen der Vertragsparteien anpasst. Im Hinblick auf die wirtschaftliche Bedeutung eines Immobilienkaufs sollte daher auf keinen Fall aus Gründen der Sparsamkeit auf ein Muster zurückgegriffen werden. Schon der Begriff macht deutlich, dass ein Muster niemals die Erfordernisse des Einzelfalls berücksichtigen kann.

Kapitel 9:

Die Hausverwaltung, ihre Pflichten und die monatlichen Kosten

Sowohl als Eigentümer als auch als Mieter sollten Sie sich einen Überblick über die anfallenden monatlichen Betriebskosten etc. verschaffen.

Pflichten des Verwalters

In § 20 WEG 2002 sind die Pflichten Ihres zukünftigen Hausverwalters exakt geregelt:

Er ist unter anderem verpflichtet,

- → die gemeinschaftsbezogenen Interessen aller Wohnungseigentümer zu wahren,
- → Weisungen der Mehrheit der Wohnungseigentümer zu befolgen,
- → eine ordentliche und richtige Abrechnung zu legen,
- → für Erhaltungsarbeiten, die über die laufende Instandhaltung hinausgehen, mindestens drei Angebote einzuholen,
- → rückständige Zahlungen eines Wohnungseigentümers einzumahnen und nötigenfalls zu klagen sowie
- → jedem Wohnungseigentümer Auskunft über den Inhalt des Verwaltervertrages zu geben.

Die Vorausschau

Eine Vorausschau ist für jede Wohnungseigentumsgemeinschaft jährlich zu legen. Aus dieser ist genau ersichtlich, welche Ausgaben bzw. welche Investitionen wofür und wann geplant sind, in welcher Höhe diese Ausgaben veranschlagt sind und wie diese finanziert werden können (z.B. ob die geplanten Ausgaben aus der Rücklage beglichen werden), ob die Rücklage aufgrund der geplanten Investitionen erhöht wird, ob die Betriebskostenpauschale angehoben werden muss usw.

Ein Blick auf die Vorausschauen der vergangenen Jahre und ein Vergleich des tatsächlichen „Ist"-Zustandes der Liegenschaft werden Ihnen weitere wertvolle Erkenntnisse liefern (z.B.: Wurden die in der Vorausschau angeführten Projekte, etwa Ausmalen des Stiegenhauses, auch durchgeführt?)

Übersehen Sie jedoch nicht, dass die Erstellung der Vorausschau über die erwarteten Ausgaben im folgenden Kalenderjahr auch für den Hausverwalter eine Herausforderung darstellt. Hätte er etwa im Herbst 2021 ahnen können, dass im Februar 2022 Kriegshandlungen eine komplette Änderung der Energiepreise zur Folge haben?

Die Rücklage

Lassen Sie sich zumindest die letzte Rücklagenabrechnung zeigen (wenn möglich für einen längeren Zeitraum). Sie ersehen daraus die Investitionen des bzw. der letzten Jahre und den aktuellen Stand der vorhandenen Rücklage. Ist nur ein sehr geringer Rücklagenbetrag vorhanden, besteht die Gefahr, dass aktuelle Investitionen nicht daraus gedeckt werden können und daher die Vorschreibungssumme der Rücklage erhöht wird, was Sie bei der monatlichen Vorschreibung zu spüren bekommen werden.

Entspricht die Höhe der Rücklage den gesetzlichen Anforderungen? Ist die Rücklage der aktuellen Gesetzeslage angepasst, beträgt sie also zumindest 0,90 Cent per Quadratmeter Nutzfläche der Liegenschaft?

Erfahrungswerte bei klassischem Altbaueigentum, in dem Investitionen notwendig sind, zeigen, dass bis zu 2,50 Euro pro Quadratmeter in Vorausschau einzuheben sind. (Anm.: Lediglich zur besseren Vergleichbarkeit werden hier die Beträge pro Quadratmeter angegeben, grundsätzlich sind sie nach dem Nutzwertanteil einzuheben.)

Die Betriebskosten

Lassen Sie sich zumindest die jüngste Betriebskostenabrechnung vorlegen. Daraus ist ersichtlich, ob der Verwalter mit der vorgeschriebenen Betriebskostenpauschale das Auslangen findet. Es kann nämlich passieren, dass die monatliche Pauschalsumme zu gering angesetzt ist und Sie jährlich eine „saftige" Nachzahlung zu leisten haben.

Es lohnt sich auch, die Betriebskostenabrechnungen der letzten Jahre zu vergleichen. Beachten Sie die Einnahmen! Wenn der Verwalter die Liegenschaft im Griff hat, steigt die Pauschale kontinuierlich an, gleichen die Einnahmen gleich einer Berg- und Talfahrt, ist Nachfragen, warum derartige Schwankungen bei den monatlichen Kosten angefallen sind, von Vorteil!

Die Betriebskosten in einem Miethaus

In einem Miethaus gilt, dass die zu bezahlenden Betriebskosten je nach Anteil an der Gesamtfläche des Hauses von jedem Mieter/Nutzer zu bezahlen sind. Mit anderen Worten: Der Verwalter addiert die vermietbaren Flächen und kommt so auf eine Gesamt-Quadratmeterzahl. Sie kennen nun die Größe Ihrer Wohnung, daraus ergibt sich in der Gesamtschau der Quadratmeter eine Verhältnisbruchzahl. Dieser Anteil (z.B. 88/528 Anteile) findet sich zumeist in den Mietverträgen.

Entsprechend diesem Anteil (je nach Größe Ihrer Wohnung im Verhältnis zu den anderen Objekten im Haus) zahlen Sie die laufenden Gebühren an Hausbetriebskosten.

Als Grundprinzip gilt bei der Betriebskostenaufteilung: Jeder zahlt gemäß seinen Anteilen!

Tatsache ist, dass in einem Miethaus zwei gleich große Wohnungen auch den gleichen Verteilerschlüssel haben müssen (sollten), da die Betriebskosten nach Quadratmetern vorgeschrieben werden.

In einer Wohnung wohnt eine alleinstehende Person, die nur einen Raum benützt, kaum Müll produziert, wenig Wasser verwendet und die Wohnung kaum verlässt. In der gleich großen Nachbarwohnung wohnt eine fünfköpfige Familie, in der Früh wird ausgiebig geduscht, es wird sehr viel Müll produziert und der hauseigene Lift von jedem Familienmitglied oftmals am Tag benützt. Tatsache ist, dass hier rein nach dem Verursacherprinzip die fünfköpfige Familie wesentlich mehr dazu beiträgt, dass die Hausbetriebskosten (Wasser, Müll, Licht, Abnützung des Liftes etc.) steigen. Laut dem Gesetzgeber ist diese Ungerechtigkeit aber nicht durch Hochrechnungen etc. des Verwalters auszugleichen.

Es gilt daher der Grundsatz: Verrechnungseinfachheit geht vor Ungerechtigkeit

Wenn Sie daher eine Wohnung mieten, ist die Überlegung, dass Sie durch Sparen an Betriebskostenpositionen weniger zu bezahlen haben, fehl am Platz, wenn Sie nicht die restlichen Mitbewohner mit Ihrem Sparwillen anstecken. Eine wirkliche Senkung der Betriebskostenpauschale ist nur dann möglich, wenn eine deutliche Mehrheit der Hausbewohner sich an Spielregeln wie Mülltrennung, Wassersparen, kein unnützes Aufdrehen der Beleuchtung im Stiegenhaus unter Tag usw. hält. (Dies gilt grundsätzlich in einem Miethaus. In Häusern, in denen Wohnungseigentum begründet worden ist, können abweichende Regelungen im Wohnungseigentumsvertrag vereinbart worden sein.)

Die Betriebskosten in einem Eigentumshaus

Im Wohnungseigentum kann die Aufteilung der Betriebskosten ebenfalls nach Quadratmetern erfolgen, wenn dies so im Wohnungseigentumsvertrag geregelt ist.

Eine weitere Besonderheit: Sollten Sie Wohnungseigentum an einer Liegenschaft erwerben wollen, welche zuvor ein klassisches Zinshaus war und vom vormaligen Besitzer parifiziert wurde, an der somit Wohnungseigentum begründet wurde, gilt Folgendes: Solange sich noch Altmieter in der Liegenschaft befinden, ist der Verwalter verpflichtet, die anteiligen Betriebskosten nach den gesamten Quadratmetern und den dazugehörigen Verhältniszahlen je Wohnung vorzuschreiben. Wenn nichts anderes vereinbart wird, ist der Verwalter weiters verpflichtet, die Zahlung der monatlichen Betriebskosten auf die vorhandenen Nutzwerte abzuändern, sobald der letzte Altmieter sein Mietverhältnis beendet hat.

Monatliche Vorschreibungen

Nehmen Sie unbedingt Einsicht in die aktuellen monatlichen Vorschreibungen! Die Praxis zeigt, dass bei der Besichtigung oft vom Makler oder dem Verkäufer der Wohnung mitgeteilt wird, dass die gesamte monatliche Belastung z.B. 200 Euro beträgt. Diese Information sollte auf jeden Fall überprüft werden!

Es ist unerlässlich zu klären, wie sich in diesem Fall die 200 Euro tatsächlich zusammensetzen!

Es kann durchaus sein, dass in diesem Betrag z.B. ebenso anteilige Kosten für die Wartung oder Instandhaltung der Garage enthalten sind, obwohl Sie gar nicht die Möglichkeit haben, einen Platz dort zu benützen.

Gleiches gilt für andere Positionen: Sind Sie beispielsweise beteiligt an den

- → Liftbetriebskosten,
- → Garagenkosten,
- → Erhaltungskosten der Gartenanlage,

- Erhaltungskosten des Kinderspielplatzes,
- Erhaltungskosten der Sauna oder
- an den Kosten der Erhaltung und Wartung der Zentralheizungsanlage, obwohl sich Ihre Wohnung in einem kleinen Nebengebäude der Anlage befindet und eben nicht von der Zentralheizungsanlage des Haupthauses beheizt wird?

An der monatlichen detaillierten Vorschreibung der zu zahlenden Beträge erkennen Sie auf einen Blick, woran Sie, zumindest finanziell, beteiligt sind. In der Praxis ist es durchaus möglich, dass der Verwalter unter dem Titel Betriebskostenvorschreibung alles zusammenfasst und in dieser Position auch allfällige monatliche Beiträge für sonstige Bewirtschaftungskosten, z.B. Liftkosten, inkludiert sind. In diesem Fall sprechen Sie mit Ihrem zukünftigen Verwalter, welche Kosten aus dem Titel Betriebskosten beglichen werden.

Abrechnungen richtig lesen und einschätzen

Ebenso unumgänglich ist, dass Sie auf der Einsichtnahme in die Betriebskosten- und Reparaturrücklagenabrechnung der letzten drei Jahre bestehen. Der Verwalter im Wohnungseigentum ist grundsätzlich verpflichtet, jedem Eigentümer die Abrechnungen zur Verfügung zu stellen. Sollte Ihnen der Verkäufer diese Unterlagen nicht selbst zur Verfügung stellen können, könnte es freilich sein, dass der Gebäudeverwalter unter Umständen für die „Kopierkosten“ Spesenersatz in Rechnung stellt. Das ist aber eine Ausgabe, die sich sicherlich auszahlt.

Wenn Sie die Abrechnungen haben, überprüfen Sie, ob die Verrechnungskreise gemäß den Vorschreibungen darin wieder auffindbar sind.

Wenn der Gebäudeverwalter gemäß dem Zahlschein eine eigene Rubrik, z.B. Waschküche: drei Euro, zur Vorschreibung bringt, ist es notwendig, dass es eine Waschküchenabrechnung gibt, aus welcher erkennbar ist, wie viele Einnahmen und Ausgaben er hatte und welcher Saldo sich ergibt.

Ein weiteres wichtiges Kriterium bei Abrechnungen ist die Nachvollziehbarkeit. Ein serviceorientierter Gebäudeverwalter sollte seine Abrechnungen so darstellen und übermitteln, dass auch für ein buchhalterischer Laie sie überprüfen kann.

Kontaktaufnahme mit der Hausverwaltung – geplante Investitionen

Auch dieser Punkt ist eigentlich wichtig. Allerdings können wir aus unserer mehr als 35-jährigen Erfahrung als Hausverwalter berichten, dass nur ein einziger Interessent vor dem Kauf seiner Eigentumswohnung in unserer Kanzlei zu diesem Punkt Fragen gestellt hat.

Laut Gesetz sind projektierte Erhaltungs- und Verbesserungsmaßnahmen je nach Art und Weise der Gewerke mit der Wohnungseigentümergemeinschaft gemeinsam zu bestimmen und zu beschließen. Ein erfahrener Hausverwalter sollte aber auch hier genügend Informationen haben und Ihnen erläutern können, mit welchem finanziellem Aufwand bei dieser Liegenschaft zukünftig zu rechnen ist.

Angesichts des Zieles „Klimaneutral 2040“ ist es besonders wichtig, dass ein „Fahrplan“ betreffend die notwendigen Investitionen hinsichtlich Energieeffizienz der Liegenschaft besteht.

Protokolle von vorhergehenden Eigentümerversammlungen

Derzeit ist kraft Gesetzes festgelegt, dass der Gebäudeverwalter zumindest alle zwei Jahre eine Wohnungseigentumsversammlung abhalten muss. Daneben ist er auch verpflichtet, zum Jahresende eine Vorausschau betreffend die geplanten Investitionen und Zahlungen der Liegenschaft abzugeben. Lassen Sie sich diese Unterlagen aushändigen, bevor Sie dem Ankauf des Objektes ins Auge fassen. Ein interessierter und engagierter Makler kann Ihnen diese Arbeit abnehmen.

Studieren Sie die Protokolle und die darin festgehaltenen Beschlüsse genau. So ist es z.B. durchaus möglich, dass in einer Sitzung im Jahr 2018 beschlossen wurde, einen gemeinschaftlichen Kinderspielplatz zu errichten. Im Zuge der

Besichtigung der Immobilie haben Sie festgestellt, dass aber gar kein Kinderspielplatz vorhanden ist.

Einen solchen Widerspruch würden wir vorerst nicht als absolutes Kaufhemmnis betrachten, Ihnen en aber dennoch empfehlen, genauestens zu hinterfragen, warum hier die damalige Meinung der Wohnungseigentümergemeinschaft abgeändert wurde oder ob die Investition noch ansteht.

Kapitel 10:

Weitere praktische Hinweise

In diesem Kapitel finden Sie Infos und Tipps zu den Themen Versicherung, Haustiere, Energieausweis, Gewährleistung und Umzug.

Richtig versichert

Egal, ob Sie eine Wohnung kaufen oder mieten, die Liegenschaft sollte eine Gebäudeversicherung haben. Diese Hausversicherung deckt grundsätzlich Schäden, die durch Elementarereignisse entstehen. Versichert sind daher Wasserschäden, Schäden bei Ablaufgebrechen, Brand und Ähnlichem.

Ebenso ist es notwendig, dass Sie eine Haushaltsversicherung abschließen. Diese deckt in der Regel Schäden an Ihrem Inventar, die z.B. infolge eines Wassereintritts entstehen können. Ihre Haushaltsversicherung sollte weiters auch Schäden decken, die bei Einbruch entstehen.

TIPP

Vereinbaren Sie im Zuge des Abschlusses Ihrer Haushaltsversicherung eine Devastationsklausel. Einbrecher haben oft nur Zeit, die wertvollsten Dinge, wie z.B. Schmuckstücke, TV-Gerät oder Laptop, mitzunehmen. Auf der Suche nach echten Wertgegenständen gehen die Herrschaften nicht zimperlich vor. Es werden Kästen und Kommoden durchwühlt, Ihre Kleidung wird in einer Geschwindigkeit ausgeräumt und gesichtet, wie Sie es sich nicht vorstellen können. Wenn Sie nun in eine derart verwüstete Wohnung kommen, ist oft der durch den Verlust z.B. des Flat-TV entstandene Schaden überschaubar. Nicht kalkulierbar sind jedoch die Schäden, die am Inventar und an Ihren persönlichen Gegenständen entstanden sind. Diese werden, wenn in Ihrem Versicherungsvertrag eine Devastationsklausel enthalten ist, von der Versicherung bezahlt.

Ein weiterer wichtiger Tipp: Ihr Versicherungsmakler meint es sehr gut mit Ihnen. Er berät Sie perfekt. Er rät Ihnen den Abschluss einer Versicherung, damit auch gewährleistet ist, dass z.B. das Handwaschbecken, wenn etwas hineinfällt und dieses springt, auf Versicherungskosten ausgetauscht wird. Tatsache ist aber, dass oftmals diese Schäden bereits durch die Gebäudeversicherung gedeckt sind.

Ihr Makler sollte daher vor dem Abschluss Ihres Versicherungsvertrages Kontakt mit dem Hausversicherer aufnehmen, damit verhindert wird, dass es zu einer Doppelversicherung kommt. Letztendlich zahlen Sie ja beide Versicherungen: Ihre persönliche Haushaltsversicherung und egal, ob Sie Mieter oder Eigentümer sind, über den Umweg der Betriebskostenabrechnung auch die Gebäudeversicherung.

Übrigens: Ein Wohnsitzwechsel ist ein Grund für die Beendigung des Versicherungsvertrags! Aber Achtung: Üblicherweise gewährt Ihnen der Versicherer bei Abschluss eines langjährigen Versicherungsvertrages einen Dauerrabatt in Form eines Prämiennachlasses. Dieser muss vereinbart werden. Wenn Sie nun vorzeitig kündigen, kann das Versicherungsunternehmen von Ihnen den Ersatz des gewährten Dauerrabattes verlangen, also die Differenz zwischen der vereinbarten Prämie und der Prämie für Verträge mit einer Laufzeit, die der tatsächlich verstrichenen Laufzeit entspricht.

Ein Rechenbeispiel: Sie haben am 20.1.2016 eine Haushaltsversicherung mit einer Laufzeit von zehn Jahren abgeschlossen, Jahresprämie 300 Euro inklusive Versicherungssteuer. Die Versicherung gewährt Ihnen einen Dauerrabatt von 20 Prozent – daher beträgt die Jahresrabattprämie 240 Euro. Das heißt, Sie erhalten einen Rabatt von 60 Euro pro Jahr.

Kündigen Sie diese Versicherung zum 20.1.2024, kann die Versicherung zweimal den Rabatt von 60 Euro pro Jahr fordern, insgesamt also 120 Euro. Sie kann natürlich auch im Rahmen einer Kulanz auf diesen Betrag verzichten.

Will man eine bestehende Haushaltsversicherung kündigen, muss man dies im Regelfall bis spätestens drei Monate vor Ablauf des Vertrages tun (wird in der Polizze festgelegt). Bei allen längerjährigen Verträgen (z.B. Zehnjahresverträge), die heute aktuell sind, gibt es in Österreich folgende konsumentenfreundliche Regelung: Solche Verträge können frühestens zum Ablauf des dritten Versicherungsjahres, danach jedes weitere Jahr mit einmonatiger Kündigungsfrist beendet werden.

Haustiere

Ihre Kinder wünschen sich sehnlichst einen vierbeinigen Hausgenossen oder haben schon einen? Egal, ob Sie nun eine Wohnung mieten oder kaufen wollen, und ein Haustier zu Ihrer Familie gehört, es empfiehlt sich, sicherheitshalber einen Blick in die Hausordnung zu werfen, denn es könnte individuelle Regelungen für die Liegenschaft geben.

Jedenfalls gab es 2017 ein Urteil des Obersten Gerichtshofes (OGH), dass die Klausel in Mietverträgen *„dem Mieter ist es nicht gestattet, Haustiere zu halten […]"*, als gröblich benachteiligt angesehen und daher für unwirksam erklärt wurde.

Der Energieausweis

Der Energieausweis ähnelt dem Typenschein Ihres Pkw, er enthält viele wichtige Daten und Kennwerte und ist beim Verkauf einer Immobilie dem Käufer zu übergeben.

Jedenfalls sollte im Energieausweis der zu erwartende Heizenergieverbrauch angeführt sein. Der wichtigste Kennwert ist die Energiekennzahl. Diese ist der gebräuchlichste Vergleichswert, um die thermische Qualität der Gebäudehülle zu beschreiben. Sie sagt in etwa aus, wie viel Energie Sie pro Quadratmeter Fläche pro Jahr benötigen. Diese Kennzahl wird in kWh/m^2 angegeben. Diese Kennzahl kann leicht in Euro pro Quadratmeter umgerechnet werden, wenn man den Preis einer Kilowattstunde kennt. Grundsätzlich wird die Energiekennzahl von der Gebäudehülle bestimmt.

Es gibt aber nicht nur eine Energiekennzahl. Es kommt auch darauf an, welchen Energiebedarf und welche Bezugsfläche man einsetzt. Der Energiebedarf kann für den tatsächlichen Standort oder standardisierte Klimadaten errechnet werden. Üblicherweise wird der Heizwärmebedarf verwendet, Umwandlungsverluste oder Ähnliches sind nicht enthalten. Als Bezugsfläche versteht man zumeist die Bruttogeschossfläche. Hier hängt es aber auch davon ab, ob es Dachschrägen, Galerien oder Stiegenaufgänge gibt. Diese Regelungen sind derzeit nicht eindeutig. Die Grundlagen für eine normgerechte Berechnung finden Sie in der Ö-NORM B 1800.

Wenn als Bezugsfläche nur eine Wohnung angegeben ist, kann sich in einem Haus eine bis zu 30 Prozent bessere/oder schlechtere Energiekennzahl für eine andere Wohnung ergeben.

So berechnen Sie den Energiewert Ihrer Wohnung: Nehmen Sie Ihre jährlichen Heizkosten und dividieren Sie diese durch die beheizte Wohnfläche. Liegt das Ergebnis über 12 Euro pro Quadratmeter, haben Sie akuten Handlungsbedarf. In diesem Fall ist entweder die Heizung nicht richtig eingestellt, sind die Heizkörper falsch dimensioniert, ist Ihr persönliches Wärmeverhalten außergewöhnlich oder Ihre Wohnung schlecht isoliert.

Eine etwas genauere Aussage lässt sich dann treffen, wenn Sie die Energiekennzahl abschätzen (kWh, die pro Quadratmeter im Jahr für die Beheizung notwendig sind). Nehmen Sie Ihre Energieverbrauchsabrechnung zur Hand und suchen Sie den Gesamtverbrauch. Dieser Wert ist zumeist in kWh angegeben. Bei anderen Energieträgern lässt sich dieser Wert ermitteln. Bei Gas dividieren Sie die jährlichen Kubikmeter durch 10. Bei einer Ölheizung dividieren Sie ebenfalls die verbrauchten jährlichen Liter durch 10.

EIN WEITERER TIPP

Führen Sie eine Energiebuchhaltung. Schreiben Sie monatlich oder jährlich Ihren Energieverbrauch mit und vergleichen Sie diesen mit dem im Energieausweis angeführten Heizwärmebedarf. Sie können somit Ihre Energiekosten besser abschätzen und eventuelle Defekte rechtzeitig erkennen.

Sie benötigen für einen Energieausweis folgende Unterlagen: Einen Bauplan oder Einreichplan – auf diesem Plan sollten Grundrisse, Ansichten, ebenso die Größe der Türen und Fenster erkennbar sein. Die genaue Position der Innenwände ist nicht maßgeblich. Es können aber auch alte Pläne bei der Baupolizei aufliegen. Ebenfalls notwendig ist eine Bauteilbeschreibung der thermischen Hülle, also eine Beschreibung für jene Bauteile, die die beheizte Zone von den unbeheizten Zonen trennt. Gleichzeitig sind das genau die Teile, die eine gute Dämmwirkung haben sollten. Weiters wichtig: Hat Ihr Haus einen Balkon bzw. einen Außenbereich, unter dem ein Wohnraum liegt? Wird der Keller benützt? Wird er beheizt? Grenzt das Haus direkt an eine Garage an?

Der Energieausweis muss von einer qualifizierten und befugten Person erstellt werden.

Gewährleistung

Beim Kauf einer neuen Immobilie (z.B. eines neu ausgebauten Dachbodens) ist auch der Aspekt der Gewährleistungsfrist maßgeblich. Hier besteht grundsätzlich eine dreijährige Haftung seitens des Errichters. Jedenfalls zeigt die Praxis, dass so mancher Bauherr nach Übergabe des Objektes zahlungsunfähig wurde und daher die Realisierung der Gewährleistungsansprüche nicht ohne weiteres möglich war. Vielleicht bewahrt Sie eine Auskunft über das Zahlungsverhalten beim Kreditschutzverband vor einem finanziellen Schaden!

Unter Gewährleistung versteht man ganz allgemein das Entstehen, besser Vorhandensein von Sach- und oder Rechtsmängeln (ein Sachmangel liegt vor, wenn die Sache fehlerhaft ist, ein Rechtsmangel, wenn nicht die vereinbarte Rechtsposition verschafft wird), die die Sache zum Zeitpunkt der Erbringung der Leistung aufweist. Falls die Mängel aber offenkundig sind, sind Gewährleistungsansprüche ausgeschlossen.

Wenn ein Bauträger eine Liegenschaft errichtet oder einen klassischen Altbau saniert, im Zuge dieser Arbeiten das Dachgeschoss ausbaut, schlussendlich Wohnungseigentum begründet und die nun sanierten oder errichteten Wohnungen nacheinander verkauft, gilt folgende Besonderheit: Die Dreijahresfrist beginnt für jeden Eigentümer ab dem Kauf seiner Immobilie „neu zu laufen". Mit anderen Worten: Wenn nun die letzte Eigentumswohnung, die schlecht verkäufliche im Parterre, erst nach vier Jahren vom Bauträger verkauft wurde, beginnt für diesen Eigentümer die Gewährleistungsfrist „neu" zu laufen.

Dieser Eigentümer hat nun drei Jahre Zeit, den Bauherrn aufzufordern, allfällige Mängel (auch an allgemeinen Teilen der Liegenschaft) zu beheben. Diesen Anspruch kann er der Wohnungseigentümergemeinschaft abtreten.

Der Umzug

Oft hat sich das alte Sprichwort *„Zweimal umgezogen ist einmal abgebrannt"* schon bewahrheitet; solche Erfahrungen kann Ihnen niemand abnehmen. Speziell bei Bezug einer Neubauwohnung sollten Sie beachten, dass der Spediteur vielleicht nicht zum Objekt gelangen kann und daher die Kosten des Transportes explodieren könnten.

Nicht immer lässt sich die Bausubstanz/Lage des Hauses bzw. die Zufahrt zum Haus etc. mit dem Antransport der Möbel (Klavier etc.) in Einklang bringen. Berücksichtigen Sie auch diesen Punkt gemäß Ihren individuellen Wünschen und Vorstellungen entsprechend!

Im Folgenden erhalten Sie eine Checkliste, die Ihnen den Umzug erleichtern soll:

ÜBERSIEDLUNGSCHECK

Was vor dem Umzug gemacht werden muss

- → Bestehenden alten Mietvertrag auflösen (Achtung: Kündigungsfristen!)
- → (allenfalls) neue Schule bzw. Kindergarten suchen
- → Spedition organisieren (Kostenunterschiede)
- → Lkw bei Autoverleih reservieren
- → Helfer für Kinder- und Haustierbetreuung suchen
- → Transportwege (Türen, Aufzug etc.) vermessen
- → Sperrmüllabtransport organisieren
- → Verzichten Sie auf das Blumengießen, insbesondere wenn Ihr Umzug in der kalten Jahreszeit geplant ist. Das Wasser in den Blumentöpfen erschwert den Transport aufgrund des Gewichtes und kann auch einfrieren.

Um- bzw. Abmeldungen

- → Strom und Gas oder Fernwärme
- → Telefon (Neuanschlüsse rechtzeitig beantragen)
- → Rundfunk und Fernsehen
- → Versicherungen
- → Dienstgeber
- → Tageszeitungen/Abos
- → Post (Nachsendeauftrag)

Packen

- → Kartons und Verpackungsmaterial besorgen
- → Zerbrechliches kennzeichnen

- Kartons beschriften
- Transportsicherung nicht vergessen (Waschmaschine!)
- Stellplan für Spedition

Was Sie am Tag Ihres Umzuges beachten sollten

Transport

- Schwere Dinge zuerst
- Fachgerechtes Beladen des Transportautos
- Transportschäden beachten (Treppenhäuser etc.)
- Zählerstand ablesen, falls die Wohnungsübergabe gleich stattfindet

Was Sie nach der Übersiedelung beachten sollten

- Ummeldung am Meldeamt
- Ummeldung der Haushaltsversicherung

Ummelden/Benachrichtigen

- KFZ-Zulassung, Finanzamt, Bank, Kirchenbeitragsstelle
- Freunde und Bekannte, Vereine, Clubs informieren

Anhang 1: Immobilienmakler – gesetzliche Grundlagen

Sorgfaltsmaßstab – § 1299 ABGB (Allgemeines bürgerliches Gesetzbuch)

§ 1299. Wer sich zu einem Amte, zu einer Kunst, zu einem Gewerbe oder Handwerke öffentlich bekennet; oder wer ohne Noth freiwillig ein Geschäft übernimmt, dessen Ausführung eigene Kunstkenntnisse, oder einen nicht gewöhnlichen Fleiß erfordert, gibt dadurch zu erkennen, dass er sich den notwendigen Fleiß und die erforderlichen, nicht gewöhnlichen, Kenntnisse zutraue; er muss daher den Mangel derselben vertreten. Hat aber derjenige, welcher ihm das Geschäft überließ, die Unerfahrenheit desselben gewusst;

oder bei gewöhnlicher Aufmerksamkeit wissen können, so fällt zugleich dem Letzteren ein Versehen zur Last.

Mit dem Bundesgesetzblatt BGBl. I 2023/24 (Maklergesetz-Änderungsgesetz) wurde die Bestimmung wie folgt geändert:

Wird nunmehr durch einen Vermieter oder einen von diesem dazu Berechtigten im eigenen Namen, als erster Auftraggeber ein Immobilienmakler mit der Vermittlung eines Wohnungsmietvertrags beauftragt, ist der Immobilienmakler lediglich berechtigt, mit dem Vermieter beziehungsweise, dem von diesem Berechtigten, einen Provisionsanspruch zu vereinbaren. Gegenüber dem zukünftigen Mieter, beziehungsweise dem Wohnungssuchenden, kann hingegen nur dann ein Provisionsanspruch für die Vermittlung eines Wohnungsmietvertrags vereinbart werden, wenn dieser den Immobilienmakler als erster Auftraggeber mit der Vermittlung eines Wohnungsmietvertrages beauftragt hat.

Rücktritt

Wichtige Vorbemerkung:

Mit Inkrafttreten der neuen Verordnung (Stichwort: der Mietinteressent zahlt keine Provision) wird auch ein Umdenken des Rücktrittsrechtes des Mieters erfolgen müssen.

Damit ist Folgendes gemeint: Ein Mieter unterfertigt ein Mietangebot, hat diverse Wünsche, der Hauseigentümer nimmt das Angebot an. Ein Mietvertrag wird erstellt, ein Unterschriftstermin vereinbart. Der Mietinteressent teilt mit, dass er ohne Angabe von Gründen zurücktritt. Dem Vermieter ist dadurch ein Schaden entstanden.

1. Rücktritt vom Immobiliengeschäft nach § 30a KSchG (Konsumentenschutzgesetz)

Rücktritt von Immobiliengeschäften

§ 30a. (1) Gibt ein Verbraucher eine Vertragserklärung, die auf den Erwerb eines Bestandrechts, eines sonstigen Gebrauchs- oder Nutzungsrechts oder des Eigentums an einer Wohnung, an einem Einfamilienwohnhaus oder an einer Liegenschaft, die zum Bau eines Einfamilienwohnhauses geeignet ist, am selben Tag ab, an dem er das Vertragsobjekt das erste Mal besichtigt hat, so kann er von seiner Vertragserklärung zurücktreten, sofern der Erwerb der Deckung des dringenden Wohnbedürfnisses des Verbrauchers oder eines nahen Angehörigen dienen soll.

(2) Der Rücktritt kann binnen einer Woche nach der Vertragserklärung des Verbrauchers erklärt werden. Ist ein Makler eingeschritten und wird die Rücktrittserklärung an diesen gerichtet, so gilt der Rücktritt auch für einen im Zug der Vertragserklärung geschlossenen Maklervertrag. Im Übrigen gilt für die Rücktrittserklärung § 3 Abs. 4.

(3) Die Frist des Abs. 2 beginnt erst zu laufen, sobald der Verbraucher eine Zweitschrift seiner Vertragserklärung und eine schriftliche Belehrung über das Rücktrittsrecht erhalten hat. Das Rücktrittsrecht erlischt jedoch spätestens einen Monat nach dem Tag der erstmaligen Besichtigung.

(4) Die Zahlung eines Angelds, Reugelds oder einer Anzahlung vor Ablauf der Rücktrittsfrist kann nicht wirksam vereinbart werden.

2. Rücktrittsrecht bei „Haustürgeschäften" nach § 3 KSchG (Konsumentenschutzgesetz)

§ 3. (1) Hat der Verbraucher seine Vertragserklärung weder in den vom Unternehmer für seine geschäftlichen Zwecke dauernd benützten Räumen noch bei einem von diesem dafür auf einer Messe oder einem Markt benützten Stand abgegeben, so kann er von seinem Vertragsantrag oder vom Vertrag zurücktreten. Dieser Rücktritt kann bis zum Zustandekommen des Vertrags oder danach binnen einer Woche erklärt werden; die Frist beginnt mit der Ausfolgung einer Urkunde, die zumindest den Namen und die Anschrift des Unternehmers, die zur Identifizierung des Vertrags notwendigen Angaben sowie eine Belehrung über das Rücktrittsrecht enthält, an den Verbraucher, frühestens jedoch mit dem Zustandekommen des Vertrags zu laufen. Diese Belehrung ist dem Verbraucher anlässlich der Entgegennahme seiner Vertragserklärung auszufolgen. Das Rücktrittsrecht erlischt bei Versicherungsverträgen spätestens einen Monat nach Zustandekommen des Vertrags.

(2) Das Rücktrittsrecht besteht auch dann, wenn der Unternehmer oder ein mit ihm zusammenwirkender Dritter den Verbraucher im Rahmen einer Werbefahrt, einer Ausflugsfahrt oder einer ähnlichen Veranstaltung oder durch

persönliches, individuelles Ansprechen auf der Straße, in die vom Unternehmer für seine geschäftlichen Zwecke benützten Räume gebracht hat.

(3) Das Rücktrittsrecht steht dem Verbraucher nicht zu,

1. wenn er selbst die geschäftliche Verbindung mit dem Unternehmer oder dessen Beauftragten zwecks Schließung dieses Vertrages angebahnt hat,
2. wenn dem Zustandekommen des Vertrages keine Besprechungen zwischen den Beteiligten oder ihren Beauftragten vorangegangen sind oder
3. bei Verträgen, bei denen die beiderseitigen Leistungen sofort zu erbringen sind, wenn sie üblicherweise von Unternehmern außerhalb ihrer Geschäftsräume geschlossen werden und das vereinbarte Entgelt 15 Euro, oder wenn das Unternehmen nach seiner Natur nicht in ständigen Geschäftsräumen betrieben wird und das Entgelt 45 Euro nicht übersteigt.

(4) Der Rücktritt bedarf zu seiner Rechtswirksamkeit der Schriftform. Es genügt, wenn der Verbraucher ein Schriftstück, das seine Vertragserklärung oder die des Unternehmers enthält, dem Unternehmer oder dessen Beauftragten, der an den Vertragshandlungen (Anm.: richtig: Vertragsverhandlungen) mitgewirkt hat, mit einem Vermerk zurückstellt, der erkennen lässt, dass der Verbraucher das Zustandekommen oder die Aufrechterhaltung des Vertrages ablehnt. Es genügt, wenn die Erklärung innerhalb des im Abs. 1 genannten Zeitraumes abgesendet wird.

(5) Der Verbraucher kann ferner von seinem Vertragsantrag oder vom Vertrag zurücktreten, wenn der Unternehmer gegen die gewerberechtlichen Regelungen über das Sammeln und die Entgegennahme von Dienstleistungen über das Aufsuchen von Privatpersonen sowie Werbeveranstaltungen oder über die Entgegennahme von Bestellungen auf Waren (§§ 54, 57 und 59 GewO 1994) verstoßen hat. Die Bestimmungen des Abs. 1 und 4 sind auch auf dieses Rücktrittsrecht anzuwenden. Es steht dem Verbraucher auch in den Fällen des Abs. 3 zu.

3. Das Rücktrittsrecht bei Nichteintritt maßgeblicher Umstände – § 3a KSchG

§ 3a. (1) Der Verbraucher kann von seinem Vertragsantrag oder vom Vertrag weiters zurücktreten, wenn ohne seine Veranlassung für seine Einwilligung maßgebliche Umstände, die der Unternehmer im Zuge der Vertragsverhandlungen als wahrscheinlich dargestellt hat, nicht oder nur in erheblich geringerem Ausmaß eintreten.

(2) Maßgebliche Umstände im Sinn des Abs. 1 sind

1. die Erwartung der Mitwirkung oder Zustimmung eines Dritten, die erforderlich ist, damit die Leistung des Unternehmers erbracht oder vom Verbraucher verwendet werden kann,
2. die Aussicht auf steuerrechtliche Vorteile,
3. die Aussicht auf eine öffentliche Förderung und
4. die Aussicht auf einen Kredit.

(3) Der Rücktritt kann binnen einer Woche erklärt werden. Die Frist beginnt zu laufen, sobald für den Verbraucher erkennbar ist, dass die in Abs. 1 genannten Umstände nicht oder nur in erheblich geringerem Ausmaß eintreten und er eine schriftliche Belehrung über dieses Rücktrittsrecht erhalten hat. Das Rücktrittsrecht erlischt jedoch spätestens einen Monat nach der vollständigen Erfüllung des Vertrags durch beide Vertragspartner, bei Bank- und Versicherungsverträgen mit einer ein Jahr übersteigenden Vertragsdauer spätestens einen Monat nach dem Zustandekommen des Vertrags.

(4) Das Rücktrittsrecht steht dem Verbraucher nicht zu, wenn

1. er bereits bei den Vertragsverhandlungen wusste oder wissen musste, dass die maßgeblichen Umstände nicht oder nur in erheblich geringerem Ausmaß eintreten werden,
2. der Ausschluss des Rücktrittsrechts im Einzelnen ausgehandelt worden ist oder
3. der Unternehmer sich zu einer angemessenen Anpassung des Vertrags bereit erklärt.

(5) Für die Rücktritterklärung gilt § 3 Abs. 4 sinngemäß.

4. Rücktrittsrecht beim Bauträgervertrag nach § 5 BTVG

Gesetzliche Rücktrittsrechte des Erwerbers

§ 5. (1) Der Erwerber kann von seiner Vertragserklärung oder vom Vertrag zurücktreten, wenn ihm der Bauträger nicht spätestens eine Woche vor Abgabe der Vertragserklärung schriftlich Folgendes mitgeteilt hat:

1. den vorgesehenen Vertragsinhalt (§ 4);
2. wenn die Sicherungspflicht nach § 7 Abs. 6 Z 2 erfüllt werden soll, den vorgesehenen Wortlaut der Vereinbarung mit dem Kreditinstitut;
3. wenn die Sicherungspflicht nach § 7 Abs. 6 Z 3 erfüllt werden soll, den vorgesehenen Wortlaut der Bescheinigung nach § 7 Abs. 6 Z 3 lit. c;
4. wenn die Sicherungspflicht schuldrechtlich (§ 8) ohne Bestellung eines Treuhänders erfüllt werden soll, den vorgesehenen Wortlaut der ihm auszustellenden Sicherheit;
5. wenn die Sicherungspflicht des Bauträgers durch grundbücherliche Sicherstellung (§§ 9 und 10) erfüllt werden soll, gegebenenfalls den vorgesehenen Wortlaut der Zusatzsicherheit nach § 9 Abs. 4.

(2) Der Rücktritt kann bis zum Zustandekommen des Vertrags oder danach binnen 14 Tagen erklärt werden. Die Rücktrittsfrist beginnt mit dem Tag, an dem der Erwerber die in Abs. 1 genannten Informationen sowie eine Belehrung über das Rücktrittsrecht schriftlich erhält, frühestens jedoch mit dem Zustandekommen des Vertrags. Das Rücktrittsrecht erlischt spätestens sechs Wochen nach dem Zustandekommen des Vertrags.

(3) Darüber hinaus kann der Erwerber von seiner Vertragserklärung zurücktreten, wenn eine von den Parteien dem Vertrag zugrunde gelegte Wohnbauförderung ganz oder in erheblichem Ausmaß aus nicht bei ihm gelegenen Gründen nicht gewährt wird. Der Rücktritt ist binnen 14 Tagen zu erklären. Die Rücktrittsfrist beginnt, sobald der Erwerber vom Unterbleiben der Wohnbauförderung informiert wird und gleichzeitig oder nachher eine schriftliche Belehrung über das Rücktrittsrecht erhält. Das Rücktrittsrecht erlischt jedoch spätestens sechs Wochen nach Erhalt der Information über das Unterbleiben der Wohnbauförderung.

(4) Der Erwerber kann den Rücktritt dem Bauträger oder dem Treuhänder gegenüber erklären. Für die Rücktrittserklärung gilt § 3 Abs. 4 KSchG sinngemäß. Rechte des Erwerbers, die Aufhebung oder Änderung des Vertrags nach anderen Bestimmungen zu verlangen, bleiben unberührt.

(5) Der Rücktritt gilt im Fall des § 2 Abs. 4 auch für den mit dem Dritten geschlossenen Vertrag.

Anhang 2: Musterverträge

1. MUSTER KAUFVERTRAG

KAUFVERTRAG EINER LIEGENSCHAFT

abgeschlossen am unten angesetzten Tage zwischen ________________ als VERKÄUFER einerseits und ___________ als KÄUFER andererseits wie folgt:

ERSTENS

Der Verkäufer

Name: ______________________

geboren am: ___________

verkauft und übergibt an

Name: ______________________

geboren am: ___________

und dieser kauft und übernimmt von ihm vom Gutsbestand der Liegenschaft ___________ EZ ___________

des Grundbuches ___________

KG ___________

GST-Nummer ___________

GST-Adresse ___________

die Grundstücke

___________ Nr. ___________

___________ m², ___________ im Ausmaß von etwa ___________

samt allem rechtlichem und tatsächlichem Zubehör und mit allen Rechten und Pflichten, mit denen der Verkäufer dieselben bisher selbst besessen und benützt hat beziehungsweise zu besitzen und zu benützen berechtigt war, um einen beiderseits vereinbarten Kaufpreis von € ___________ (___________ Euro)

ZWEITENS

Der gesamte Kaufpreis von € ____________ (____________ Euro) wird anlässlich der Vertragsunterfertigung von dem Käufer an die Verkäuferin bezahlt, weshalb diese den Empfang des Betrages bestätigt und hierüber per contractum quittiert.

DRITTENS

Für eine bestimmte Beschaffenheit, ein genaues Flächenausmaß oder ein besonderes Erträgnis der kaufgegenständlichen Grundstücke wird von der Verkäuferin keine Gewähr übernommen, wohl aber dafür, dass diese Grundstücke vollkommen satz- und lastenfrei, mit Ausnahme der Verpflichtung gemäß Punkt Fünftens dieses Vertrages, in den Besitz und Genuss des Käufers übergehen.

VIERTENS

Die Übergabe und Übernahme der kaufgegenständlichen Grundstücke hat am ________________________ zu erfolgen.

Dieser Tag gilt auch als Stichtag für die Verrechnung von Nutzungen und Lasten, und es gehen vom gleichen Tage angefangen Gefahr und Zufall auf den Käufer über.

FÜNFTENS

Der Käufer ist in Kenntnis, dass das auf der Liegenschaft errichtete Gebäude derzeit von Herrn/Frau ________________________ benützt wird.

Dieser Benützung liegt kein schriftlicher Mietvertrag zugrunde, und der Käufer nimmt zur Kenntnis, dass die Benützung des Hauses durch Herrn/Frau ________________ bis zu dessen/deren Ableben weiter aufrecht zu bleiben hat.

SECHSTENS

Die mit der Errichtung und Durchführung dieses Kaufvertrages verbundenen Kosten und Abgaben gehen, unbeschadet der hierfür auch die Verkäuferin nach außen gesetzlich treffenden Solidarhaftung, im Innenverhältnis der Vertragsparteien zu Lasten des Käufers.

SIEBENTENS

Die Vertragsteile erklären ausdrücklich, den wahren Wert des Kaufobjektes zu kennen und um den im Kaufvertrag vereinbarten Kaufpreis auch dann verkaufen und kaufen zu wollen, wenn es sich um unverhältnismäßige Werte handeln sollte.

ACHTENS

Die Vertragsteile erklären an Eides Statt, österreichische Staatsbürger und Devisen-inländer zu sein.

NEUNTENS

Name: ______________________

geboren am: ___________

(Verkäufer)

erklärt sohin seine/ihre ausdrückliche Einwilligung, dass aufgrund dieser Urkunde, ohne sein/ihr weiteres Wissen und Einvernehmen, jedoch nicht auf seine/ihre Kosten, vom Gutsbestand der ihm/ihr zur Gänze gehörigen Liegenschaft

EZ ___________

des Grundbuches ___________

KG ___________

GST-Nummer ___________

GST-Adresse ___________

die Grundstücke

___________ Nr. ___________,

___________ Nr. ___________,

___________ Nr. ___________,

___________ Nr. ___________,

abgeschrieben werden können, hierfür eine neue Einlagezahl in der Katastralgemeinde ___________ eröffnet und darauf das Eigentumsrecht für

Name: ______________________

geboren ___________ am: ___________

einverleibt werden kann.

_____________________, am ___________

2. MUSTER MIETVERTRAG

Von der Fachgruppe Wien der Immobilien- und Vermögenstreuhänder empfohlenes Formular

Mietvertrag

Tür Nr. ....

für Wohnungen (MRG-Vollanwendungsbereich, Richtwertmietzins)

Stand: 1. Juli 2023

Zwischen ....
als Vermieter

vertreten durch ....

und als Mieter (Name, Geburtsdatum, Beruf)

....

derzeitige Anschrift ....

wird folgender Mietvertrag geschlossen:

§ 1 (Mietgegenstand und Ausstattung)

1. Vermietet wird die Wohnung im Hause ....

   .... Nr. .... Stiege .... Stock .... Tür ....

   bestehend aus (Unzutreffendes bitte streichen) .... Zimmer(n), ... Kabinett(en), Küche (Kochnische), Baderaum (Badegelegenheit), Vorraum, Klosett, Abstellraum, Kellerabteil,

   ....

   Weitere Ausstattung:

   Zentralheizung/Etagenheizung/..heizung;

   Warmwasseraufbereitung mit Anschlüssen in ....

   Bitte Zutreffendes ankreuzen:

   □ mitvermietete Heiztherme

   □ mitvermieteter Warmwasserboiler

   □ sonstiges mitvermietetes Wärmebereitungsgerät: ....

   Mitvermietete Einrichtungsgegenstände: ....

   Die Wohnung entspricht (§ 15a Abs. 1 Mietrechtsgesetz-MRG) der Ausstattungskategorie Kat. ....

   Die Nutzfläche beträgt ca. .... m^2

   Der Mietgegenstand wird zu Wohnzwecken vermietet. Bei einer widmungswidrigen Nutzung des Mietgegenstandes kann dem Vermieter ein Unterlassungsanspruch zustehen.

2. Der Mieter ist berechtigt, folgende Gemeinschaftseinrichtungen und -anlagen mitzubenutzen:

   Aufzug, ...

3. Dem Mieter werden für die Vertragsdauer .... Schlüssel ausgehändigt.

§ 2 (Vertragsdauer)

1. **Unbefristeter Mietvertrag**

Das Mietverhältnis beginnt am .... und wird auf unbestimmte Zeit abgeschlossen.

Eine Kündigung durch den Vermieter setzt das Vorliegen eines gesetzlichen Kündigungsgrundes nach § 30 MRG (oder eines i.S. des § 2 Pkt. 3. wirksam vereinbarten Kündigungsgrundes) voraus und hat gerichtlich zu erfolgen. Eine Kündigung durch den Mieter setzt keinen Kündigungsgrund voraus und hat gerichtlich oder schriftlich zu erfolgen.

Das Mietverhältnis kann sowohl vom Vermieter als auch vom Mieter unter Einhaltung einer (bitte Zutreffendes ankreuzen)

□ einmonatigen Kündigungsfrist

□ dreimonatigen Kündigungsfrist

□ ....-monatigen Kündigungsfrist

zu

□ jedem Monatsletzten

□ dem Ende jedes Quartals

aufgekündigt werden.

Der Mieter gibt einen Kündigungsverzicht ab (bitte Zutreffendes ankreuzen):

□ Nein.

□ Ja. Der Mieter verzichtet auf die Kündigung des Mietverhältnisses bis einschließlich .... (bitte Datum vervollständigen). Hinweis: Nach der OGH-Entscheidung 9 Ob 13/21h verstoßen sowohl ein drei als auch ein fünfjähriger Kündigungsverzicht gegen das KSchG.
Die Kündigung des Mietverhältnisses durch den Mieter ist bei Einhaltung der Kündigungsfrist erstmals mit Wirksamkeit zu jenem Kündigungstermin möglich, der auf das Ende des Kündigungsverzichtszeitraumes folgt.

oder

2. **Befristeter Mietvertrag**
(Mindestens 3 Jahre, keine Beschränkung der Höchstdauer)

Das Mietverhältnis beginnt am .... und wird auf die Dauer von .... abgeschlossen; es endet, ohne dass es einer Kündigung bedarf.
Der Mieter hat - ungeachtet des vereinbarten Befristungszeitraumes - nach Ablauf eines Jahres der ursprünglich vereinbarten oder verlängerten Dauer des Mietverhältnisses das unabdingbare Recht, das Mietverhältnis gerichtlich oder schriftlich unter Einhaltung einer dreimonatigen Kündigungsfrist zum Monatsletzten zu kündigen.

3. Zusätzlich zu den gesetzlichen, in § 30 MRG genannten Kündigungsgründen vereinbaren die Vertragsparteien gemäß § 30 Abs. 2 Z 13 MRG folgenden für den Vermieter wichtigen und bedeutsamen Kündigungsgrund:

....

....

§ 3 (Mietzins und Betriebskosten)

1. Der vereinbarte Mietzins ist monatlich - ....
zu entrichten und besteht aus

- dem Hauptmietzins in Höhe von Euro ....
(im Fall der Befristung unter Berücksichtigung des Abschlages gemäß § 3 Pkt. 1a.)

- dem Entgelt für mitvermietete Einrichtungsgegenstände und sonstige Leistungen in Höhe von Euro ....

sowie weiters

- dem auf den Mietgegenstand entfallenden Anteil an:
  - Betriebskosten und laufenden öffentlichen Abgaben (§§ 21 ff MRG)
  - besonderen Aufwendungen (§ 24 MRG)

- Heizkosten, Warmwasserkosten

- der Umsatzsteuer (in der jeweiligen gesetzlichen Höhe)

1. a) Für den Fall einer Befristung gemäß § 2 Pkt. 2. ist beim vereinbarten Hauptmietzins der in § 16 Abs. 7 MRG auf die Befristungsdauer vorgesehene Abschlag wie folgt berücksichtigt:

Hauptmietzins ohne Befristung	Euro ....
- 25 % Befristungsabschlag	- Euro ....
Hauptmietzins im Befristungszeitraum	Euro ....

Diese Verminderung gilt im Fall der Umwandlung des befristeten Mietvertrages in einen Mietvertrag auf unbestimmte Zeit ab dem Zeitpunkt der Umwandlung nicht mehr.

2. Der Hauptmietzins gemäß § 16 Abs. 2 MRG errechnet sich aus dem **Richtwert** inkl. Zuschlägen und Abstrichen.

Bei einem **Lagezuschlag gemäß § 16 Abs. 2 Z 3, Abs. 3 und 4 MRG schriftlicher Hinweis:**

Als maßgebende Umstände wurden die überdurchschnittliche Lage (außerhalb eines Gründerzeitviertels), sowie weiters folgende Kriterien berücksichtigt (bitte Zutreffendes vervollständigen)

Lage und Wohnumgebung des Hauses: ....

Gute Anbindung an öffentliche Verkehrsmittel: ....

Verkehrsgünstige Lage: ....

Nähe zum Erholungsgebiet: ....

Gute Infrastruktur (zB Lokale, Nahversorger): ....

Bildungseinrichtungen: ....

Medizinische Versorgungseinrichtungen: ....

Weitere: ....

Der Grundkostenanteil liegt daher auf Grund des Verkehrswertes der Liegenschaft unter Berücksichtigung der Bebaubarkeit über dem der Richtwertermittlung zugrunde gelegten Grundkostenanteil.

An Stelle des oben vereinbarten Hauptmietzinses ist

- gemäß §§ 18 ff MRG für die Dauer des Verteilungszeitraumes (bei unbestimmter Mietvertragsdauer oder Befristung auf mindestens 4 Jahre) der erhöhte Hauptmietzins von Euro .... zu entrichten.

- gemäß § 16 Abs. 11 MRG der auf Grund einer Vereinbarung nach § 16 Abs. 10 MRG erhöhte Hauptmietzins von Euro .... für die Dauer des (im Fall einer Befristung gemäß § 2 Pkt. 2. vor dem Ablauf der vereinbarten Vertragsdauer endenden) Erhöhungszeitraumes, das ist ...., zu entrichten.

3. a) Es wird Wertbeständigkeit des Hauptmietzinses (sowie des Entgeltes für mitvermietete Einrichtungsgegenstände und sonstige Leistungen) nach Maßgabe der in § 5 RichtWG vorgesehenen Wertsicherung (Neufestsetzung) der Richtwerte - ausgehend von dem im Zeitpunkt des Vertragsabschlusses geltenden Richtwert - vereinbart. Der als Hauptmietzins vereinbarte Betrag verändert sich daher in dem Maß, in dem sich der zum Zeitpunkt des Vertragsabschlusses geltende Richtwert entsprechend § 5 RichtWG ändert. Eine sich aus dieser Wertsicherungsvereinbarung etwaig ergebende Erhöhung der Miete ist für einen Zeitraum von zwei Monaten ab Abschluss des Mietvertrages ausgeschlossen.

b) Sollte die Wertsicherungsvereinbarung nach Pkt 3.a.) nicht (mehr) zur Anwendung gelangen können, so erfolgt die Wertsicherung nach dem von der Bundesanstalt Statistik Österreich („Statistik Austria") monatlich verlautbarten Verbraucherpreisindex 2015 oder dem an seine Stelle tretenden Index.

Ausgangsbasis für diese Wertsicherung ist die für den Monat des Vertragsabschlusses zu verlautbarende Indexzahl

In diesem Fall bleiben Indexschwankungen bis einschließlich 5 % unberücksichtigt. Dieser Spielraum ist bei jedem Überschreiten nach oben oder unten auf eine Dezimalstelle neu zu berechnen, wobei stets die erste außerhalb des jeweiligen Spielraums gelegene Indexzahl die Grundlage sowohl für die Neuberechnung der Miete als auch für die Berechnung des neuen Spielraumes zu bilden hat. Eine sich aus dieser Wertsicherungsvereinbarung etwaig ergebende Erhöhung der Miete ist für einen Zeitraum von zwei Monaten ab Abschluss des Mietvertrages ausgeschlossen.

4. Der Anteil an den Betriebskosten und laufenden öffentlichen Abgaben sowie an den Kosten für die Betreuung von allen Mietern zur Verfügung stehenden Grünanlagen und des Betriebes von nicht unter § 3 Pkt. 6. oder 7. fallenden, allen Mietern zur Verfügung stehenden Gemeinschaftsanlagen bestimmt sich gemäß § 17 MRG nach dem Verhältnis der Nutzfläche des Mietgegenstandes zur Nutzfläche aller vermietbaren Mietgegenstände des Hauses.

   Der auf den Mietgegenstand entfallende Anteil beträgt derzeit .... %, das sind daher derzeit monatlich Euro .... (zzgl Umsatzsteuer).

5. Hausversicherungen:

   Gemäß § 21 Abs. 1 Z 4 und 5 MRG werden die Prämien für die angemessene Feuer-, Haftpflicht- und Leitungswasserschadenversicherung als Betriebskosten verrechnet.

   Der Mieter stimmt dem Abschluss, der Erneuerung oder der Änderung von zusätzlichen Verträgen über eine angemessene Versicherung des Hauses gegen Schäden zu, die durch die vorgenannten Versicherungen nicht erfasst sind, und zwar

   Glasbruch, Sturmschäden ....
   bzw. tritt der Mieter den bestehenden Vereinbarungen bei und erklärt sich einverstanden, die aus diesen zusätzlichen Versicherungsverträgen zu zahlenden Versicherungsprämien als Betriebskosten gemäß § 21 Abs. 1 Z 6 MRG entsprechend seinem in § 3 Pkt. 4. festgehaltenen Anteil zu übernehmen.

   Derzeit bestehen (neben der Feuer-, Haftpflicht- und Leitungswasserschadenversicherung) folgende Versicherungen:

   .... Jahresprämie: ....

   Nein, ich stimme nicht zu ☐ Ja, ich stimme zu ☐

   Hinweis: Ohne Zustimmung der Mehrheit der Mieter sind etwaige - dann nicht versicherte - Schäden vom Vermieter aus den Mietzinsreserven gemäß § 20 Abs. 1 Z 2 lit. a MRG zu begleichen. Falls dadurch die Mietzinsreserven für sonstige notwendige Arbeiten nicht ausreichen, kann zur Finanzierung der Fehlbeträge ein behördliches Mietzinserhöhungsverfahren erforderlich werden.

   Bei Zustimmung der Mehrheit der Mieter zu den obgenannten zusätzlichen Versicherungsverträgen sind die Versicherungsprämien allen Mietern nach Maßgabe ihres Betriebskostenanteiles (§ 3 Pkt. 4.) anrechenbar.

6. Der auf den Mietgegenstand entfallende Anteil an den Kosten des Betriebes des Aufzuges bestimmt sich nach

   .... (bitte Verteilungsschlüssel offenlegen) und beträgt derzeit .... %, das sind

   daher derzeit monatlich Euro .... (zzgl Umsatzsteuer).

7. Hinsichtlich des auf den Mietgegenstand entfallenden Anteils an den Kosten des Betriebes der Zentralheizung und der Warmwasserversorgung gilt Folgendes:

   a) Bei Nichtanwendbarkeit des HeizKG (z.B. ohne individuelle Verbrauchsermittlung) bestimmt sich der Anteil gemäß § 24 Abs. 1 MRG iVm § 17 MRG nach dem Verhältnis der Nutzfläche des Mietgegenstandes zu den Nutzflächen der zentral versorgten Mietgegenstände.

   Der derzeitige Anteil beträgt .... %, das sind daher derzeit monatlich Euro .... (zzgl Umsatzsteuer).

   b) Bei Anlagen mit individueller Verbrauchsermittlung stimmt der Mieter der folgenden Vereinbarung gemäß § 13 Abs. 1 HeizKG zu:

      - Zuordnung der Heiz- und Warmwasserkosten im Verhältnis .... % / .... %.
      - Verbrauchsabhängig aufzuteilender Anteil der Energiekosten (bzw. des Arbeitspreises): .... %.
      - Aufteilung des nicht verbrauchsabhängig aufzuteilenden Anteiles an den Heiz- und Warmwasserkosten (restliche Energiekosten bzw. restlicher Arbeitspreis, sonstige Kosten des Betriebes bzw. Grundpreis, Messpreis) nach beheizbarer Nutzfläche/nach ....

   c) Bei Anlagen mit individueller Verbrauchsermittlung richten sich die Trennung der Anteile von Heiz- und Warmwasserkosten und die Aufteilung der Heiz- und Warmwasserkosten mangels Vereinbarung i.S. der lit. b) nach den Bestimmungen des Heizkostenabrechnungsgesetzes (HeizKG), insbesondere §§ 12 und 13 Abs. 3 HeizKG. Demnach haben die Trennung der Anteile von Heiz- und Warmwasserkosten in einem Verhältnis von 70 vH für Heizkosten zu 30 vH für Warmwasserkosten und die Aufteilung der Energiekosten zu 65 vH nach den Verbrauchsanteilen und zu 35 vH nach der beheizbaren Nutzfläche zu erfolgen.

8. Der vereinbarte Mietzins ist im Voraus jeweils am Fünften des Kalendermonats fällig. Er ist entweder mittels Banküberweisung auf das vom Vermieter bekanntgegebene Bankkonto oder mittels Einziehungsauftrages zu entrichten. Bei einer Entrichtung

des Mietzinses mittels Banküberweisung ist es in zeitlicher Hinsicht ausreichend, wenn der Mieter seinem Kreditinstitut den Überweisungsauftrag am Tag der Fälligkeit erteilt.

9. Die Aufrechnung von Gegenforderungen gegen den Mietzins ist - ausgenommen im Fall der Zahlungsunfähigkeit des Vermieters - ausgeschlossen, soweit sie nicht im rechtlichen Zusammenhang mit dem Mietverhältnis stehen oder gerichtlich festgestellt oder vom Vermieter anerkannt wurden.

10. Mehrere Mieter haften für die Entrichtung des gesamten Mietzinses solidarisch.

§ 4 (Wartung, Instandhaltung und Erhaltung des Mietgegenstandes)

1. Der Mieter hat den Mietgegenstand und die dafür bestimmten Einrichtungen, wie im Besonderen die Lichtleitungs-, Gasleitungs-, Wasserleitungs-, Beheizungs- (einschließlich von zentralen Wärmeversorgungsanlagen) und sanitären Anlagen so zu warten und, soweit es sich nicht um die Behebung von ernsten Schäden des Hauses oder um die Beseitigung einer erheblichen Gesundheitsgefährdung oder um die Erhaltung von mitvermieteten Heizthermen, mitvermieteten Warmwasserboilern und sonstigen mitvermieteten Wärmebereitungsgeräten handelt, so instand zu halten, dass dem Vermieter und den anderen Mietern des Hauses kein Nachteil erwächst. Klarstellend wird festgehalten, dass dementsprechend dem Mieter die *Wartung* von mitvermieteten Heizthermen, mitvermieteten Warmwasserboilern und sonstigen mitvermieteten Wärmebereitungsgeräten obliegt.

2. Wird die Behebung von ernsten Schäden des Hauses nötig, so ist der Mieter verpflichtet, dem Vermieter ohne Verzug Anzeige zu machen.

3. Kommt der Mieter seiner Wartungs- und Instandhaltungspflicht schuldhaft nicht nach, kann der Vermieter nach vergeblicher Aufforderung und Verstreichen einer gesetzten angemessenen Frist die Durchführung der notwendigen Arbeiten im Mietgegenstand auf Kosten des Mieters veranlassen.

4. Der Mieter hat sämtliche Schäden, die er oder ihm zuzurechnende Personen (insbesondere Mitbewohner, gebetene Gäste und Gehilfen) schuldhaft verursacht haben, unverzüglich auf eigene Kosten von einem befugten Unternehmen beheben zu lassen. Dies gilt insbesondere auch für Schäden, die aus der schuldhaften Verletzung seiner Wartungs-, Instandhaltungs- und Anzeigepflicht entstanden sind.

5. Dem Vermieter obliegt gemäß § 3 MRG nach Maßgabe der rechtlichen, wirtschaftlichen und technischen Gegebenheiten und Möglichkeiten die Erhaltung der allgemeinen Teile des Hauses, der Mietgegenstände und der zur gemeinsamen Benützung der Bewohner des Hauses dienenden Anlagen im jeweils ortsüblichen Standard sowie die Beseitigung erheblicher Gefahren für die Gesundheit der Bewohner des Hauses. Innerhalb des Mietgegenstandes umfasst diese Erhaltungspflicht jedoch nur die erforderlichen Arbeiten zur Behebung ernster Schäden des Hauses oder zur Beseitigung einer vom Mietgegenstand ausgehenden erheblichen Gesundheitsgefährdung oder zur Erhaltung von mitvermieteten Heizthermen, mitvermieteten Warmwasserboilern und sonstigen mitvermieteten Wärmebereitungsgeräten.

§ 5 (Gebrauch des Mietgegenstandes und Duldungspflichten des Mieters)

1. Der Mieter ist berechtigt, den Mietgegenstand dem Mietvertrag gemäß zu gebrauchen und zu benützen.

2. Der Mieter hat das Betreten des Mietgegenstandes durch den Vermieter oder die von diesem beauftragten Personen aus wichtigen Gründen zu gestatten, wobei die berechtigten Interessen des Mieters nach Maßgabe der Wichtigkeit des Grundes angemessen zu berücksichtigen sind.

3. Der Mieter hat die vorübergehende Benützung und die Veränderung seines Mietgegenstandes zuzulassen, wenn und soweit dies zur Durchführung von Erhaltungs- oder Verbesserungsarbeiten an allgemeinen Teilen des Hauses oder zur Behebung ernster Schäden des Hauses oder zur Erhaltung einer mitvermieteten Heiztherme, eines mitvermieteten Warmwasserboilers oder eines sonstigen mitvermieteten Wärmebereitungsgeräts in seinem oder in einem anderen Mietgegenstand notwendig oder zweckmäßig ist. Weiters hat der Mieter einen solchen Eingriff in das Mietrecht zuzulassen, wenn und soweit dies zur Beseitigung einer von seinem oder einem anderen Mietgegenstand ausgehenden erheblichen Gesundheitsgefährdung oder zur Durchführung von Veränderungen (Verbesserungen) in einem anderen Mietgegenstand notwendig, zweckmäßig und bei billiger Abwägung aller Interessen auch zumutbar ist; die Zumutbarkeit ist im Besonderen anzunehmen, wenn die Beseitigungsmaßnahme oder die Veränderung keine wesentliche oder dauernde Beeinträchtigung des Mietrechtes zur Folge hat.

4. Bauteile, Vorrichtungen oder Geräte, die zum Zweck der wiederkehrenden Überprüfung zugänglich sein müssen, wie Kamintüren, Wasserabsperrhähne, Gas- oder Stromzähler, Wärmemessgeräte, Heizkörper, oder Ver- und Entsorgungsleitungen, sind vom Mieter zu diesem Zweck zugänglich zu halten.

5. Das Aufstellen und Lagern von Fahrnissen jeglicher Art sowie das Abstellen von Fahrzeugen und Transportmitteln wie Fahr- und Krafträder, Autos oder Kinderwagen, außerhalb des Mietgegenstandes ist unzulässig, soweit eine Freihaltung der außerhalb des Mietgegenstandes gelegenen Flächen zur Sicherung des Fluchtweges der Hausbewohner oder zur Sicherung des Rettungsweges für Einsatzkräfte oder aufgrund von Brandschutzbestimmungen geboten ist.

§ 6 (Veränderung und Rückstellung des Mietgegenstandes)

1. Der Mieter hat eine von ihm beabsichtigte wesentliche Veränderung (Verbesserung) des Mietgegenstandes dem Vermieter anzuzeigen. Es wird empfohlen, diese Anzeige in Schriftform zu erstatten. Lehnt der Vermieter nicht innerhalb von zwei Monaten nach Zugang der Anzeige die beabsichtigte Veränderung (Verbesserung) ab, so gilt seine Zustimmung als erteilt. Die wesentlichen Veränderungen (Verbesserungen) des Mietgegenstandes sind vom Mieter durch dazu befugte Gewerbetreibende durchführen zu lassen. Der Mieter ist berechtigt, unwesentliche Veränderungen (Verbesserungen) des Mietgegenstandes auch ohne Zustimmung des Vermieters vorzunehmen.

2. Der Mieter verzichtet hinsichtlich der von ihm getätigten Investitionen auf jeden über § 10 MRG hinausgehenden Ersatzanspruch; ausgenommen davon sind Ansprüche für Aufwendungen, die gemäß § 3 MRG der Vermieter hätte vornehmen müssen (§ 1036 ABGB).

3. Bei Beendigung des Mietverhältnisses ist der Mietgegenstand samt Nebenräumlichkeiten im Zustand wie bei Anmietung unter Berücksichtigung der bei schonendem, vertragskonformen Gebrauch sich ergebenden Abnützung, von allen Fahrnissen geräumt und gereinigt, soweit es sich nicht um die Beseitigung von in die Erhaltungspflicht des Vermieters fallenden Schäden handelt, dem Vermieter zu übergeben.

4. Die Vertragsparteien vereinbaren eine Konventionalstrafe von drei Bruttomonatsmietzinsen in der dann aktuellen Höhe, falls der Mietgegenstand vom Mieter nicht zum vereinbarten oder gerichtlich festgesetzten Räumungstermin übergeben wird. Die Konventionalstrafe entfällt, wenn den Mieter kein Verschulden an der verspäteten Übergabe trifft.

§ 7 (Verbot der Untervermietung)

1. Dem Mieter ist die Untervermietung des Mietgegenstandes nicht gestattet. Der Vermieter wird sich auf dieses Untermietverbot jedoch nur berufen, wenn ein wichtiger Grund gegen die Untervermietung vorliegt. Ein wichtiger Grund gegen die Untervermietung liegt nach § 11 Abs. 1 MRG insbesondere vor, wenn

   - der Mietgegenstand zur Gänze untervermietet werden soll,
   - der in Aussicht genommene Untermietzins eine im Vergleich zu dem vom Untervermieter zu entrichtenden Mietzins und etwaigen sonstigen Leistungen des Untervermieters unverhältnismäßig hohe Gegenleistung darstellt,
   - die Anzahl der Bewohner einer gemieteten Wohnung die Anzahl der Wohnräume übersteigt oder nach der Aufnahme des Untermieters übersteigen würde, oder
   - mit Grund zu besorgen ist, dass der Untermieter den Frieden der Hausgemeinschaft stören wird.

2. Die Vertragsparteien vereinbaren eine Konventionalstrafe von drei Bruttomonatsmietzinsen in der dann aktuellen Höhe, falls der Mieter den Mietgegenstand trotz Vorliegens eines gegen die Untervermietung sprechenden wichtigen Grundes im Sinne des vorstehenden Absatzes untervermietet. Die Konventionalstrafe entfällt, wenn den Mieter kein Verschulden an der vertragswidrigen Untervermietung trifft.

§ 8 (Empfehlungen und sonstige Vereinbarungen)

1. Für Erklärungen und Mitteilungen des Mieters an den Vermieter wird aus Beweisgründen die Einhaltung der Schriftform empfohlen.

2. Dem Mieter wird aufgrund der automatisationsunterstützten Datenverarbeitung durch den Vermieter empfohlen, keine Erklärungen oder Mitteilungen auf Zahlscheinen oder im Wege des Onlinebankings abzugeben.

3. Für Vereinbarungen, mit denen die Vertragsparteien den Inhalt dieses Mietvertrages abändern, wird aus Beweisgründen die Einhaltung der Schriftform empfohlen.

4. Dem Mieter wird der Abschluss und die Aufrechterhaltung einer Haushaltsversicherung für die Dauer des Mietverhältnisses empfohlen.

5. Die Vertragsparteien treffen die folgenden sonstigen Vereinbarungen:

....	...., am		....
Vermieter	Ort	Datum	Mieter

Beilagen: ....

Es handelt sich hierbei um ein Muster eines Mietvertrages für ein Haus, in dem Wohnungseigentum begründet worden ist. Andere Mietvertragsmuster werden ob der Vielzahl der Möglichkeiten (z.B. angemessene Miete, frei vereinbarter Mietzins, Richtwertmietvertrag) hier nicht behandelt. Meistens werden amtliche Vordrucke, welche vom Vertragserrichter auszufüllen sind, verwendet.

Anhang 3: Das Grundbuch

Allgemeines

Das Grundbuch ist ein öffentlich-rechtliches Verzeichnis der Rechtsverhältnisse aller Liegenschaften, die vom Bezirksgericht geführt werden. Jedoch werden die Grenzen der Liegenschaften und deren Lage in einem eigenen Kataster bei den Vermessungsämtern erfasst.

Um Klarheit in den bestehenden Rechtsverhältnissen zu schaffen, ist es wichtig, eine nachvollziehbare Zuordnung von Sachen zu ihren Eigentümern zu ermöglichen sowie Eigentümer vor Eingriffen Fremder in ihr Eigentumsrecht zu schützen. Dies gilt besonders für den ordnungsgemäßen Verkehr der Liegenschaften, die als Besicherung für Schuldverhältnisse dienen und/oder als Kapitalanlage oder Vermögenswerte verwendet werden. Darüber hinaus gibt es somit für jeden die Möglichkeit, ungehindert an solche Informationen zu kommen.

Bestandteile des Grundbuchs

Das Grundbuch besteht aus folgenden drei Teilen:

Hauptbuch

Das Hauptbuch besteht aus den Grundbuchseinlagen einer Katastralgemeinde und beschreibt Grundbuchskörper, also ein oder mehrere Grundstücke, die mit Grundstücksnummern versehen sind und nach Einlagezahlen geordnet sind.

Die Aufschrift der Grundbuchseinlage enthält:

- Gerichtsbezirk
- Kastralgemeinde
- Einlagezahl
- Tagebuchzahl der letzten vollzogenen Eintragung mit der Jahreszahl
- „Plombe“ – gibt die Tagebuchzahl unerledigter Grundbuchsanträge an sowie den Hinweis, dass sich ein Grundbuchsantrag gerade in Bearbeitung befindet
- Eventuell die Tatsache „Wohnungseigentum“

Weiters bestehen diese Grundbuchseinlagen aus dem „A-Blatt“, dem „B-Blatt“ und dem „C-Blatt“.

Gutsbestandblatt – „A-Blatt"

Erste Abteilung – „A1-Blatt": Darin befinden sich die Bestandteile des Grundbuchskörpers sowie die Eintragungen des Grundsteuer- oder Grenzkatasters über die Anschrift des Grundstücks, des Flächenausmaßes und der Benützungsarten.

Zweite Abteilung – „A2-Blatt"

Hier findet man:

- Die dinglichen Rechte verbunden mit dem Eigentumsrecht an dem Grundbuchskörper oder Teilen davon
- Alle Änderungen, wie die Einleitung eines Verfahrens oder Ab- und Zuschreibungen oder Veränderungen des Gutbestandes
- Lasten, Verbindlichkeiten und öffentlich-rechtliche Beschränkungen gegen jeden Eigentümer, sofern diese vorgeschrieben sind
- Ersichtlichmachung, dass ein Bauwerk im Sinn des § 435 ABGB besteht
- Anmerkung nach § 297a ABGB (Maschinen, die in Verbindung mit der Liegenschaft gebracht werden, gelten nicht als Zubehör der Liegenschaft)

Eigentumsblatt – „B-Blatt"

Im Eigentumsblatt findet man:

- Eigentumsrecht, also Name, Geburtsdatum, Adresse und Größe seines Anteils bei Mit- oder Wohnungseigentum
- Subjektive Verfügungsbeschränkungen – Beschränkungen für seine Person oder für die freie Vermögensverwaltung, wie z. B. Minderjährigkeit, Sachwalterschaft oder Konkurs

Lastenblatt – „C-Blatt"

Darin befinden sich folgende Daten:

- Dingliche Rechte, die eine Liegenschaft belasten wie Hypotheken, Vorkaufsrechte oder Veräußerungs- und Belastungsverbote
- Erworbene Rechte und Beschränkungen an eingetragenen Rechten
- Vor-, Wieder- und Rückverkaufsrechte
- Objektive Verfügungsbeschränkungen – Beschränkungen, denen jeder Eigentümer unterworfen ist

Urkundensammlung

Die Urkundensammlung besteht aus den Urkunden, aufgrund deren es zu einer Eintragung kommt, wie Erwerb, Übertragung und/oder Beschränkung bzw. Aufhebung eines Rechtes. Es werden Abschriften von Urkunden verwendet, welche geordnet und nach Tagebuchzahlen abgelegt werden.

Hilfseinrichtungen

Zu den Hilfseinrichtungen zählen die Grundbuchsmappe, das Personenverzeichnis, das Anschriftenverzeichnis und das Grundstücksverzeichnis. Grundsätzlich darf man Einsicht in die Hilfsverzeichnisse nehmen, bei den Personenverzeichnissen muss jedoch ein rechtliches Interesse nachgewiesen werden.

Ein Verzeichnis der gelöschten Eintragungen ist zu führen und darf uneingeschränkt eingesehen werden.

Arten der Eintragungen

Einverleibung

Die Einverleibung bezeichnet eine Rechtsänderung – Erwerb, Übertragung, Beschränkung und/oder Löschung von Rechten – aufgrund einer eintragungsfähigen Urkunde, welche folgende Punkte vorweisen muss:

- Eine für die Gültigkeit des Rechtsgeschäftes vorgeschriebene Form
- Angabe eines gültigen Rechtsgrundes
- Fehlen sichtbarer Mängel
- Angabe der Parteien und deren Geburtsdaten
- Ort und Datum der Ausfertigung

Für die Einverleibung von Eigentumsrechten muss eine steuerliche Unbedenklichkeitsbescheinigung oder eine Selbstbemessungserklärung vorgelegt werden. Zusätzlich dazu müssen auf Privaturkunden beglaubigte Unterschriften, eine genaue Angabe der Liegenschaft, eine genaue Angabe des Rechtes, über welches verfügt wird, und eine Aufsandungserklärung, also eine Erklärung, worin sich der bisherige Rechtsinhaber mit der Eintragung des neuen Rechtsinhabers einverstanden erklärt, zu finden sein.

Im Gegensatz dazu sind öffentliche Urkunden von einem Notar/einer Behörde aufgenommene exekutionsfähige Vergleiche, Urteile oder vollstreckbare Notariatsakte.

Vormerkung

Die Vormerkung ist nur eine bedingte Rechtsänderung, da eine spätere Rechtfertigung nötig ist. Somit kann sich der Antragsteller dadurch nur den Rang wahren. Bewilligt wird die Vormerkung, wenn zwar die Voraussetzungen erfüllt sind, jedoch noch formelle Mängel vorliegen wie z.B.:

- Eine noch nicht rechtskräftige gerichtliche Erkenntnis
- Ein einverleibungsfähiges Gesuch (wenn beispielsweise die Unbedenklichkeitsbescheinigung oder Aufsandungserklärung fehlt)
- Punktationen

Während diese Vormerkung aufrecht ist, sind weitere Eintragungen – gegen den eingetragenen als auch den vorgemerkten Eigentümer – erlaubt. Nach

Rechtfertigung wird die Vormerkung in eine Einverleibung umgewandelt; wenn dies jedoch nicht innerhalb eines Jahres geschieht, wird die Vormerkung mittels Antrag gelöscht.

Keine Vormerkung ist bei fehlender grundverkehrs- oder pflegschaftsbehördlicher Genehmigung möglich.

Anmerkung

Die Anmerkung dient zur Eintragung von rechtlich erheblichen Verhältnissen und ist in der Regel nur ein Jahr wirksam. Durch die Anmerkung von persönlichen Verhältnissen kann sich keiner auf die Unkenntnis derselben berufen.

Beispiele für Anmerkungen:

- Die Anmerkung der Rangordnung gibt genau die bestimmten Ränge an, wobei keine andere Reihenfolge möglich ist.
- Die Anmerkung der Simultanhaftung gibt an, dass für eine Forderung mehrere Liegenschaften haften, wobei alle Eintragungen auch in den Nebeneinlagen vollzogen werden.
- Die Streitanmerkung gibt einen laufenden Rechtsstreit an, dessen Urteil auch für alle Rechtsnachfolger gilt.
- Die Anmerkung der Einräumung von Wohnungseigentum ist über ein Jahr hinaus gültig und beinhaltet den Wohnungseigentumswerber und die Bezeichnung des Objektes. Die Einverleibung ist auch dann möglich, wenn die Liegenschaft an Dritte übertragen wurde oder in einem nachfolgenden Rang belastet wurde.
- Anmerkung der Abtretung der Hauptmietzinse
- Anmerkung der Vorauszahlung des Bestandzinses
- Anmerkung des Eigentumsvorbehaltes bei Maschinen
- Anmerkung der Gleichzeitigkeit von Grundbuchsgesuchen
- Öffentlich-rechtliche Anmerkungen wie Enteignungsverfahren, Naturschutz- und Starkstromwegerecht

Ersichtlichmachung

Die Ersichtlichmachung dient zur formlosen Evidenzhaltung, wie die Anmerkung von Grunddienstbarkeiten in herrschender Stellung im A2-Blatt.

Ab- und Zuschreibung
Die Ab- und Zuschreibungen betreffen den Umfang des Grundbuchkörpers. Teile oder ganze Grundstücke können abgeschrieben und entweder einem anderen Grundbuchskörpers zugeschrieben werden oder daraus kann eine neue Einlage geschaffen werden. Die Grundsätze sind im Liegenschaftsteilungsgesetz sowie im Vermessungsgesetz geregelt.

Prinzipien des Grundbuchsrechtes

Intabulationsprinzip

Änderungen dinglicher Rechte sind nur durch Eintragung im Hauptbuch möglich, wobei ein gültiger Erwerbsgrund sowie eine rechtliche Erwerbsart gegeben sein müssen.

Antragsprinzip

Eintragungen ins Grundbuch erfolgen nur auf Antrag. Ausnahmsweise zulässig:

- Löschen von unzulässigen oder gegenstandslosen Eintragungen
- Löschen aller Eintragungen, die nach einer gerechtfertigten Vormerkung erwirkt wurden
- Anmerkung der Rangordnung nach Ablauf eines Jahres

Publizitätsprinzip

Jeder kann uneingeschränkt Einsicht in das Grundbuch nehmen und Abschriften verlangen. Weiters kann jeder auf die Vollständigkeit und Richtigkeit desselben vertrauen, weshalb im Zweifel die „scheinbare" Vorrang vor der tatsächlichen Rechtslage hat.

Rangprinzip

Die Eintragungen werden nach zeitlicher Reihenfolge vorgenommen. Gläubiger werden strikt nach Reihenfolge abgefertigt.

Spezialitätsprinzip

Bürgerliche Rechte können nur an bestimmten Grundbuchskörpern vollzogen werden. Eigentumsanteile können beispielsweise nur ungeteilt belastet werden. Bürgerliche Rechte und Pflichten sind nach Art, Inhalt und Umfang bestimmt. Pfandrechte müssen mit Rang eingetragen werden.

Legalitätsprinzip

Das Grundbuchsgericht muss aufgrund der vorgelegten Urkunden entscheiden und muss Voraussetzungen für die Gültigkeit und Möglichkeit einer Eintragung streng prüfen.

DAS IMMOBILIEN-ABC

Im diesem Glossar finden Sie Erklärungen für Begriffe, auf die Sie im Zuge Ihrer Wohnungssuche immer wieder stoßen werden.

- **Abgehängte Decken:** werden mit nichttragenden Holzbrettern, Eisengerüstkonstruktionen unter einer tragenden Decke angebracht und dienen überwiegend dem Wärmeschutz- bzw. schalltechnischen Zwecken.
- **Asbest:** ist ein Baustoff, eine mineralische Faser, die aufgrund ihrer Widerstandsfähigkeit gegen Säuren und Hitze als Baustoff quasi prädestiniert war. Die Verwendung ist heute wegen Gesundheitsrisiken eingeschränkt.
- **Ausblühungen:** sind sichtbare Ablagerungen von Stoffen, meist Salzen, auf der Oberfläche von Mauerwerken; das Entstehen kann folgende Ursachen haben: Feuchtigkeit, poröse Bauteile, witterungsbedingte Einflüsse.
- **Beton:** ist in seinem Rohzustand ein plastisches und fließendes Gemisch an Zuschlägen, Zement und Wasser. Im Rohzustand kann Beton in nahezu jede beliebige Form gebracht werden, in der er abbindet, das heißt erhärtet.
- **Brauchwasser:** umfasst jene Wassermenge, die im Haushalt gebraucht wird und täglich aus der Wasserleitung entnommen wird. Damit wird aber auch Betriebs- und Nutzwasser bezeichnet, dies ist nicht für den menschlichen Genuss vorgesehen.
- **Brennstoffzellenheizung:** Ein Brennstoffzellen-Heizgerät, auch Brennstoffzellenheizung oder auch stromerzeugende Heizung genannt, nutzt eine Brennstoffzelle, um die chemische Energie von Brennstoffen wie Wasserstoff, Erdgas, Methanol oder Butan in Wärme und elektrische Energie zu wandeln.
- **Brennwertkessel:** haben eine höhere Energienutzung als herkömmliche Kessel. Bevor die warmen Abgase über den Schornstein eintreten, wird ihnen ein großer Teil der Wärme entzogen, die über einen Wärmetauscher den Heizungsrücklauf wieder vorerwärmt.
- **Drainage:** gewährt in der Form von Gräben oder Rohrleitungen die notwendige Entwässerung des Bodens um und unter Gebäuden.

- **Estrich:** entsteht nach Aushärten einer fließenden Estrichmasse unterschiedlicher Zusammensetzung, daher ist auch der Begriff Fließestrich anzuwenden. Der Estrich kann verbundtechnisch direkt auf der Rohdecke angebracht werden. Man spricht auch von einem schwimmenden Estrich, wenn der Estrich ohne Verbindung zu den anderen Bauteilen gleichsam auf dem Dämmbelag schwimmt.
- **Fassade:** ist in der Architekturgeschichte oft der Begriff für die Hauptansichtsseite oder Schauseite eines Gebäudes, das heißt in der Regel die Seite, die dem öffentlichen Stadtraum zugewandt ist. Die andere Seite des Gebäudes ist oft schlichter ausgeführt.
- **Fensterbeschläge:** sind Bedienungselemente, die das Öffnen, Schließen und Kippen eines Fensters ermöglichen.
- **Fertigparkett:** ist ein industriell hergestelltes Fußbodenelement aus Holz, wobei meist die Oberfläche bereits im Werk geschliffen und versiegelt wurde, somit kann der Fußboden nach der Verlegung sofort begangen werden.
- **Festbrennstoffe:** sind überwiegend Braunkohlebriketts, die gesetzlich vorgeschriebene Emissionswerte einhalten. Sie werden heute noch als Brennstoffe für Kachelöfen und Kamine verwendet.
- **First:** ist der obere Abschluss eines Steildaches und wird in der Regel mit Firstziegeln abgedeckt, damit keine Feuchtigkeit in den Dachraum eindringen kann.
- **Fuge:** bezeichnet den Abstand zwischen zumeist zwei gleichen Bauteilen, wie z. B. beim Mauerwerksbau oder bei Fliesenarbeiten.
- **Fundament:** hat die Aufgabe, alle Lasten eines Bauwerkes in den Baugrund zu übertragen, ohne dass es zu ungleichmäßigen Setzungen kommen kann. Oftmals werden Risse, vor allem an tragenden Gebäudeteilen, durch ein gutes Fundament vermieden.
- **Gaube:** heißt der Dachaufbau zur Belichtung der Dachräume. Die Dachfenster stehen dabei senkrecht, die Gaube vergrößert schlussendlich den nutzbaren Raum im Dachgeschoss.
- **Heizöl extra leicht:** ist ein leichtflüssiger und aschefreier Brennstoff mit guten Qualitätseigenschaften. Heizöl extra leicht entzündet sich erst bei ca. 55 Grad, lässt sich daher einfach und sicher handhaben und lagern.

- **Heizölsperre:** muss in einem Heizraum in den Bodenablauf eingebaut werden, damit das Abfließen von Heizöl in das Abwassernetz verhindert wird.
- **Horizontalsperre:** ist eine waagrechte Dichtung, die verhindert, dass aus dem Erdreich aufsteigende Feuchtigkeit in das Mauerwerk der Kellerräume eindringt. In der Regel werden Teer oder Bitumenpappen verwendet.
- **Immissionen:** sind die auf den Menschen, Tiere und Pflanzen einwirkenden Luftverunreinigungen, Geräusche, Erschütterungen und ähnliche Belastungen.
- **Kältebrücke:** nennt man die Stelle im Bauwerk, an der die Wärme im Gebäudeinneren auf leichte Weise nach außen gelangen kann. An dieser Stelle ist oft konstruktionsbedingt ein anderes Material verwendet worden oder dieser Punkt weist eine geringere Wärmedämmung als die umgebende Fläche auf. Oftmals werden Kältebrücken auch als Wärmebrücken bezeichnet.
- **Kämpfer:** heißen die im Fensterrahmen eingebauten Querriegel, Kämpfer findet man vor allem bei älteren Fenstertypen.
- **Keramik:** entsteht durch das Brennen von tonhaltigen Erden bei Temperaturen von 800 bis 1.400 Grad. Man unterscheidet feinkeramische Baustoffe wie Fliesen und Porzellane und grobkeramische Baustoffe wie Ziegel, Klinker oder Steinzeug.
- **Klinker:** sind Mauerziegel, die aus Ton gebrannt werden. Zum Vergleich und zur Herstellung normaler Ziegel wird hier im Wesentlichen eine höhere Brenntemperatur verwendet.
- **Kniestock:** nennt sich die an der Traufenseite eines Hauses aufgemauerte Außenwandkonstruktion, auf der die Dachkonstruktion aufgelegt wurde. Je höher der Kniestock ist, desto höher ist die Stellfläche und steht mehr Dachschräge zur Verfügung.
- **Kondensat:** hier trifft warme Luft auf kühle Flächen und schlägt sich die in der Luft enthaltene Feuchtigkeit an der Fläche als Kondensat nieder. Die andere Bezeichnung ist Schwitzwasser. Kondensat kann man vor allem an kühleren Außenwänden oder Zimmerecken finden, in weiterer Folge können Feuchtigkeitsschäden oder Schimmelbildung entstehen. Im Normalfall genügt es, drei- bis viermal täglich kräftig zu lüften.

- **Leerrohre:** sind aus Kunststoff und werden zumeist während der Rohbauphase verlegt, um später, je nach Bedarf, elektrische Leitungen oder Ähnliches einzuziehen. Diese sollten waagrecht und senkrecht angebracht sein.
- **Leichtbauwand:** ist eine nichttragende Trennwand, die aus einer Holz- oder Metallständerkonstruktion, die mit Gipskarton, Gipsfaser oder Spannplatten verkleidet wird, besteht. Im Zwischenraum wird ein Dämm- Material aufgefüllt. Leichtbauwände sind schnell montiert und eignen sich besonders im Zuge von Altbaumodernisierungen für eine andere Grundrissgestaltung.
- **Massivdach:** entsteht durch eine rationalisierte Bauweise: statt des klassischen Dachstuhls wird ein massives Dach aus Fertigelementen, zumeist mit einem Kran, verlegt.
- **Nachtspeicherheizung:** heißt ein elektrisch betriebener Speicherofen, der als Einzelraumheizung installiert wurde. Jeder zu beheizende Raum enthält zumeist einen Ofen, mit unterschiedlicher Größe, daher auch unterschiedlicher Speicherkapazität.
- **Nachtstrom, vergünstigt:** muss beim zuständigen Versorgungsunternehmen beantragt werden, versorgt die Speicherheizung.
- **Niedrig-Temperaturheizung** sind Heizungssysteme, die mit Vorlauftemperaturen zwischen 40 und 60 Grad betrieben werden, zumeist ist der Energieträger Öl oder Gas. Durch größere Heizflächen erreicht man die Raumwärme auch bei niedrigen Temperaturen, daher sind Niedertemperaturheizungen ideal als Fußbodenheizungen einsetzbar.
- **Paneele:** sind Elemente, mit denen Wände und Decken verkleidet werden, sie bestehen aus verschiedenen Materialien und sorgen für eine gute Isolierung.
- **Parkett:** ist ein langlebiger strapazierfähiger Bodenbelag aus Holz und kann zumeist in verschiedenen Mustern verlegt werden. Bevorzugt werden Hölzer wie Eiche, Buche und Esche, Tropenhölzer, Mahagoni und Missandra verwendet. Eine Versiegelung der Parkettoberfläche schützt vor Abnützung und Verschmutzung.
- **Pelletheizung:** Eine Pelletheizung ist eine Heizung, in deren Heizkessel zumeist Holzpellets vergast werden. Weitere pelletierte Brennstoffe wie

Strohpellets, Halmpellets, Torfpellets, Pellets aus Olivenkernen und Olivenpressresten, Kokosnussschalen oder anderen biogenen Reststoffen kommen auch zum Einsatz.

→ **Perlit:** ist ein natürliches Vulkangestein, welches in mehreren Bearbeitungsschritten zu einem umweltfreundlichen Dämm- und Baustoff aufbereitet wird.

→ **Pfetten:** sind die waagrechten Längsbalken eines Dachstuhles, auf dem die Sparren liegen. Das Pfettendach ist die einfachste Form des Zimmermanndachstuhles.

→ **Photovoltaik:** unter Photovoltaik (Fotovoltaik) versteht man die direkte Umwandlung von Lichtenergie, meist Sonnenlicht, mittels Solarzellen in elektrische Energie.

→ **Putz:** die wichtigsten Außenputze sind mineralischer Putz und Kunstharzputz, die wichtigsten Innenputze Mörtel, Putz und Gipsputz. Welche Putzsorte eingesetzt wird, hängt davon ab, welcher Belastung der Putz standhalten soll.

→ **Putzschäden:** haben zumeist als Ursache aufsteigende Mauerfeuchte. Es kann aber auch sein, dass zum Beispiel nach 50 Jahren die Feuchteabdichtung porös wird und damit keine Abdichtung mehr gegen die Bodenfeuchtigkeit gegeben ist.

→ **Raumklima:** wird im Wesentlichen von fünf Faktoren bestimmt: die Lufttemperatur, die Luftfeuchtigkeit, Luftgeschwindigkeit, Temperatur der Außenwände und Gehalt von Fremdstoffen in der Luft. Die Qualität hängt auch vom verwendeten Baustoff, von den Heizkörpern, welche im Winter die Räume heizen, ab. Auch Wandverkleidungen, Möbelstücke etc. sowie das Benutzerverhalten wirken sich auf die Güte des Raumklimas aus.

→ **Rohbau:** umfasst alle Gewerke bis zum Dachstuhl, dazu gehören Betonarbeiten, Maurerarbeiten, Einbau von Betontreppen und Errichtung des Dachstuhles. Traditionell wird die Beendigung des Rohbaus mit der Feier des Richtfestes begangen, danach folgt die Rohbauabnahme.

→ **Schamotte:** sind feuerfeste Steine, die den Feuerraum von Kaminen, Öfen und Schornsteinen verkleiden, sind zumeist bis 1.500 Grad formbeständig.

- **Schimmelpilz:** bildet sich an einer feuchten und kühlen Umgebung an einer kalten Wand oder Decke bei nicht ausreichender Luftzirkulation.
- **Schlüsselfertiges Bauen:** bezeichnet die komplette Errichtung eines Wohnhauses oder einer Wohnung durch den Bauträger und wird oftmals mit einem Festpreis honoriert.
- **Schneefang** oder **Schneezunge:** bezeichnet ein niedriges Gitter auf dem Dach, das vor herabstürzenden Schneemassen schützen soll.
- **Schüttung:** werden zur nachträglichen Dämmung, vor allem bei Holzbalkendecken verwendet, sie bestehen aus leichtem, lockerem, nicht brennbarem Material wie Bims oder Perlit, wird auch zum Ausgleich von Höhenunterschieden verwendet.
- **Sparren:** sind Balken der Steildachkonstruktion, die vom Zimmermann erstellt werden, sie reichen von der Traufe bis zum First. Auf den Sparren liegen Konter- und Dachlatten, an denen die Dachdeckung befestigt wird.
- **Sperrputze:** finden sich bei Industriegebäuden, sind wetter- und wasserundurchlässig, werden aber bei dem Bau eines Wohnhauses nicht verwendet.
- **Sprossen:** fanden sich früher bei Fenster oder Türglasflächen. Da das Verglasen großer Flächen sehr aufwendig war, wurde diese Unterteilung vorgenommen. Sprossenfenster sind heute wieder beliebt, aus Kostengründen werden aber die Sprossen oft aufgesetzt.
- **Solarthermie:** Darunter versteht man die Umwandlung von Sonnenenergie durch thermische Solaranlagen in nutzbare thermische Energie.
- **Tondachsteine** oder **Dachziegel:** sind seit rund 2.000 Jahren als Dachdeckung bekannt. Der Rohstoff wird im Werk aufbereitet, gepresst, geformt, getrocknet und gebrannt.
- **Unterzug:** heißen jene Dachträger, die auf der Oberseite in gleicher Höhe mit der Decke abschließen, auf der Unterseite aber herausragen.
- **Wand:** eine gesetzliche Definition des Begriffes Wand gibt es nicht. Das Lexikon der Baukunst leitet das Wort vom altdeutschen „Want“ ab, das sich auf das gotische Wandus bezieht, das Rute oder Spiegel bedeutet. Es bezeichnet daher ursprünglich ein Flechtwerk von Ruten und deutet darauf hin, dass das altgermanische Haus Wände aus Flechtwerk hatte. Im heutigen Sprachgebrauch ist Wand oft gleichbedeutend mit Mauer.

- **Wärmepumpe:** Bei einer Luft-Wasser-Wärmepumpe wird die Umgebungsluft von einem Ventilator angesaugt, an einen Wärmeübertrager weitergeleitet und im Wärmepumpenkreislauf über das Verdampfen, Verdichten, Verflüssigen und Entspannen eines Kältemittels zu Heizenergie umgewandelt.
- **Zargen:** heißt jene Befestigung, in die die Tür eingehängt wird. Türzargen werden vor allem aus Holz oder Metall gefertigt.
- **Zement:** nennt sich ein hydraulisch härtendes Bindemittel für Beton und Mörtel. Es besteht aus verschiedenen fein gemahlenen Ausgangsstoffen, die nach Brennen und Schmelzen aufgearbeitet werden.
- **Zentrale Staubsaugeranlagen:** hier ist das Sauggerät zentral zumeist im Keller oder in einem Nebenraum installiert. Im Wohnbereich wird der Saugschlauch über eine Art Steckdose eingesteckt, das Tragen des Gerätes fällt weg, auch die Lärmbelastung ist gering bis fast geräuschlos. Empfehlenswert ist dieses System für Hausstauballergiker, denn diese Saugersysteme verbessern nicht nur die Raumluft, sondern ersetzen auch staubige und unhygienische Staubsaugerbeutel.

NÜTZLICHE LINKS

www.arbeiterkammer.at (hier bekommen Sie Erstauskunft)
www.edikte.justiz.gv.at (alles rund um die Versteigerung)
www.immobilien.net (Immobilienangebote im Internet)
www.mietervereinigung.at oder www.mieterbund.at (Erstauskunft und Beratung für Mieter)
www.ihr-notariat.at (Notariatskammer)
www.immobilien-recht.at (direkter Weg zu den Autoren sowie Rechtsauskünfte)
www.rechtsanwaelte.at (Rechtsanwaltskammer)
www.wien.gv.at/wohnen/baupolizei/ (Ihr Draht zur Baupolizei)
www.wien.gv.at/amtshelfer/ (Benötigen Sie finanzielle Unterstützung?)
www.wien.gv.at/kultur/kulturgut/ (ermöglicht den Zugang zu wesentlichen Identitätsmerkmalen der Stadt Wien)
www.wien.gv.at/stadtentwicklung/flaechenwidmung (alles über die Flächenwidmung)
www.wien.gv.at/wohnen/schlichtungsstelle (in größeren Städten dem Gericht vorgelagert, wenn dort keine Hilfe möglich ist.)
www.wohnnet.at (Immobilienangebote im Internet)

STICHWORTVERZEICHNIS